图书在版编目（CIP）数据
网球 /（英）弗里切特贝尔著；崔伟译. 北京：
人民体育出版社，2011
（休闲体育丛书）
书名原文：Go Tennis
ISBN 978-7-5009-4066-1 Ⅰ.①网… Ⅱ.①弗…
②崔… Ⅲ.网球运动—基本知识 Ⅳ.G845
中国版本图书馆CIP数据核字（2011）第089309号

*

人民体育出版社出版发行
北京利丰雅高长城印刷有限公司印刷
新 华 书 店 经 销

*

889 ×1194 24开本 7印张 130千字
2011年11月第 1 版 2011年11月第1次印刷

*

ISBN-978-7-5009-4066-1
定价：45.00元

社址：北京市东城区体育馆路 8 号（天坛公园东门）
电话：61751482（发行部） 邮编：100061
传真：61751483 邮购：67118491
网址：www.sportspublish.com
（购买本社图书，如遇有缺损页可与发行部联系）

休闲体育丛书

网 球

【英】拉尔夫·弗里切特贝尔 著
《网球天地》杂志刘丹梅 审定
崔伟 译

人民体育出版社

目 录

如何使用本书和所配DVD

这本书和所配DVD是为激励你走上球场而设计制作的。通过清晰、适时的电影胶片和最先进的数字图表，你能在DVD上欣赏所有必需的网球技术，而书中则有更多描述关键因素的分解图片。

使用本书

第一次走上网球场肯定会让你惴惴不安。本书能够帮助你。

充满信心地开始这项运动。书中的内容可以参考DVD中的相关镜头。

参见DVD

当你在书中看到这个标志时，请在DVD影片中查看相关章节的内容。

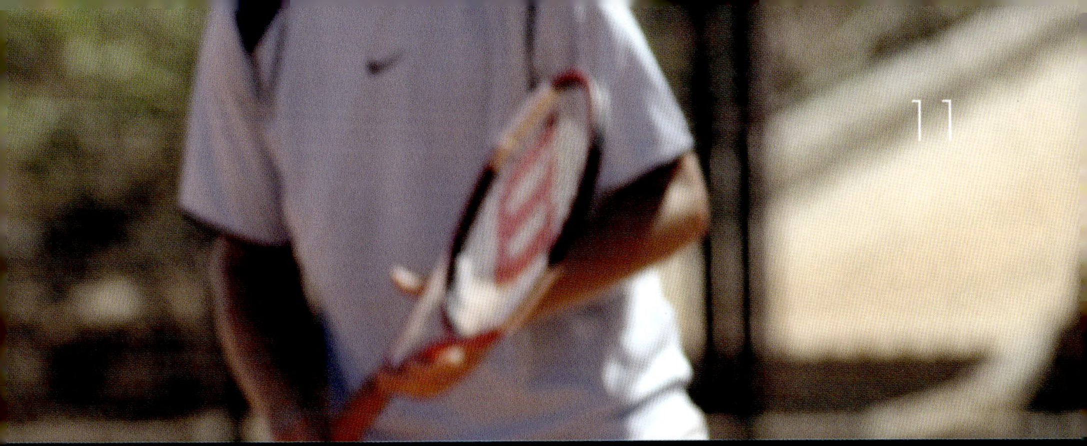

使用DVD

DVD影片通过电影场景和电脑图表，演示了书中所讲到的关键技术。使用DVD中的主菜单观看各个章节，随心所欲地欣赏你需要的场景。

参照本书

当你在DVD中看到这个标志时，请参阅书中相关页码的内容。

为什么打网球?

网球是一项全能运动，它既能让你感受到乐趣、结识更多的朋友、锻炼身心，又能体验比赛的激动人心。网球的入门标准不高，你只需一把球拍、一双网球鞋和一罐网球即可。你也不必为开始学习时的水平担心，找一块球场，赶快投入到这项运动中吧。

从这本书中，你将了解和学习网球的一切知识，从选择球拍、了解球场和比赛规则，到提升水平之前如何感受基本练习的乐趣，以及增加更多的击球难度、移动和战略。你可以把压力完全施加在对手身上，甚至可以为参加比赛进行专门的训练。不管你处于何种水平，一旦网球这只“小虫子”咬了你之后，你就再也无法摆脱它了。

拉尔夫

做好准备

16

立即开始……

装备：第18–27页

新技术使得网球装备日新月异。更坚固、重量更轻的材料极大地提升了球拍的性能。与此同时，拍线、球和服装的设计使得整个网球运动的体验更加激动人心。

比赛场地：第28–31页

了解球场布局和单、双打区域的差别。球网是横穿在球场中间的分隔物，你的任务就是找到最佳的过网击球方式以赢得分数。了解不同场地类型对比赛和球速的影响。

得分和基本规则：32–35

开始之前，你需要熟悉得分系统和单、双打比赛规则。这里有基本规则的概要和能让比赛始终处于动态之中的提示。

球拍构造

你所挑选的网球拍应该感觉良好，适合自己的比赛风格，并在力量和操控性方面处于最理想的平衡。由于当代科技的发展，使得更坚固、重量更轻的新材料出现，因此生产商能够制造出具有不同拍面大小和重量，以及适合不同比赛风格的高品质球拍。

正确握拍

拍柄的斜面能够帮助球员确定拍面朝向，找到正确的握拍方式。如果从球拍侧面观察，你会发现第一个斜面对应的是拍框边缘，第三个斜面对应拍面（右手选手从左至右，左手选手从右至左）。

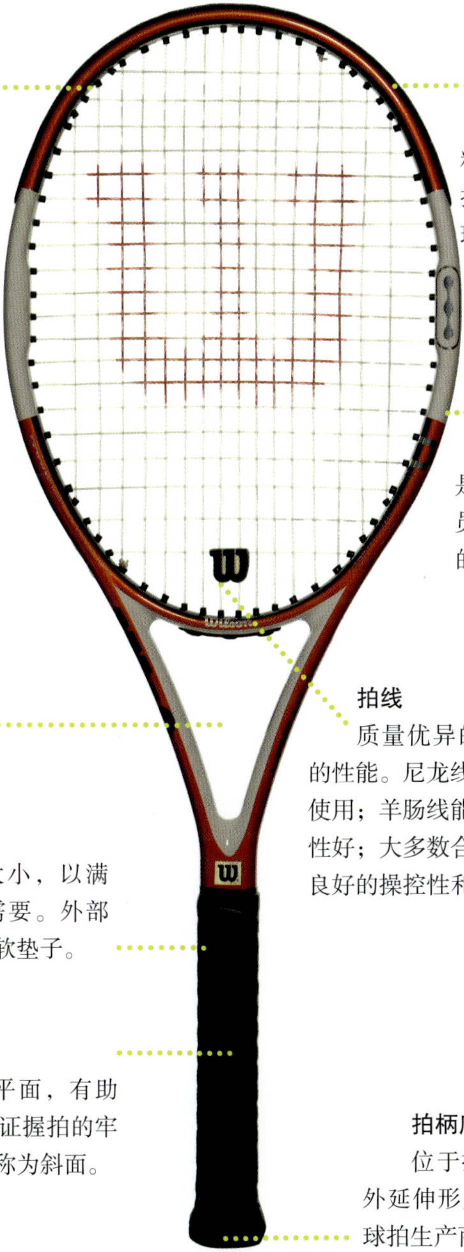

护线管

环绕拍头的、带有橡胶颗粒的塑料条，当拍线拉得较紧时，起到保护作用。

拍头贴

位于球拍顶部的塑料条，当球拍和场地直接接触时，能起到保护球拍的作用。

拍框

球拍拍框通常指的是拍头的外部，根据球员的具体需要，有不同的大小和厚度。

拍喉

拍柄和拍头之间的V型中空区域，能增强球拍的稳定性，减少空气阻力。

拍线

质量优异的拍线能显著提升球拍的性能。尼龙线感觉较差，无法长时间使用；羊肠线能提供舒适的感觉，耐久性好；大多数合成线以合理的价格，将良好的操控性和耐久性结合起来。

拍柄

有不同的大小，以满足不同球员的需要。外部覆盖物为皮子或软垫子。

斜面

拍柄有8个平面，有助于正确握拍并保证握拍的牢固性。这些平面称为斜面。

拍柄底盖

位于拍柄底部的塑料盖，向外延伸形成突起，有助于握拍。球拍生产商的标识印在此处。

选择球拍

通过练习，你的网球技艺迅速提升，此时就需要买一把质量较好的球拍，因为它能为你提供较长的工作时间。市场上的球拍型号多种多样，简直令人无所适从，价格范围也很大。你选择的球拍应该能提升你的水平，让比赛更加乐趣无穷。

- 拍头大小有多种型号。如果你是一名力量型选手，挑选一把中等拍面的球拍。如果想要获得额外的力量，就应该挑选大拍面球拍。大拍面球拍有更大的甜点（当球接触拍线时，拍面上反弹力最大的区域），球即使没有碰撞到拍面中心部位，也能打上力量。

- 通过握住球拍来检查握把的大小。如果手指尖和手掌之间留有一根手指宽度的缝隙，握把的大小就是合适的。

- 加长球拍能够扩大击球范围，增加击球力量，但擅长单手反手击球的球员，应该选择标准长度的球拍。

- 球拍的重量也在一定范围之内。我们通常选择中等重量的球拍。如果球拍过重，挥动起来难度较大；球拍过轻则稳定性不足。

握把

合适的握把令人自然感觉舒适。

长度

大多数球拍为标准长度即67.5厘米（27英寸），加长球拍可达72.5厘米（29英寸）。

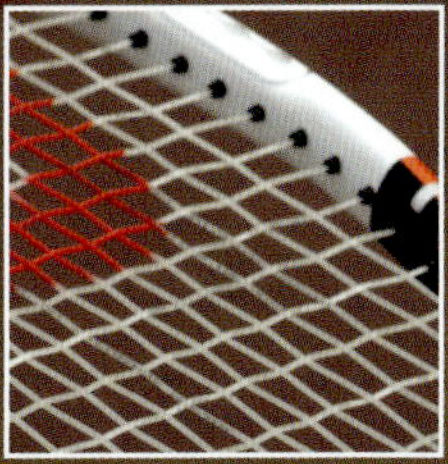

拍头大小和拍框厚度

如果你的身体比较强壮，可以选择一把硬度较高、拍框较薄、拍头较小的球拍。

球

所有网球生产商都按照国际标准制造网球。网球由橡胶制成，表面覆盖合成纤维和羊毛纤维的混合物[illegible]一个完整的网球，由两个半球缝接而成，接缝处使用具有弹性的密封物，[illegible]就是我们看得见的波浪线。大多数球员使用有压球，需要保存在密封的容器里。有[illegible]，压力和弹力均会丧失，从而成为“死球”。如果一个球能被轻易挤[illegible]这个球可以认定为“死球”。未使用过的球在空中飞行的速度较快，反弹的速[illegible]在发球时使用新球要向对方举手示意。

关于球

网球的正式颜色为黄色或白色，尤以黄色最为普遍，因为这个颜色非常显眼，和球场的颜色、天空的颜色反差较大，球员能较容易地追踪来球。

比赛用网球的直径为6.25~6.5厘米（2.5~2.625英寸），重量为56.6 ~58.3克（2~2.0625盎司）。

- 过度使用的网球，球体表面会变得光滑，不利于控制，而且会对手腕和手臂产生过度的压力，因此，要经常更换新球。
- 如果球体表面的纤维破损起毛，就会降低球速。选手在发球前检查球时，主要看球是否有破损的痕迹。
- 无压球能使用几个月的时间，并保持不变的反弹力，但要注意，反应能力不及普通的有压球，而且会对手臂产生更大的压力。
- 在得到批准用于比赛之前，网球要经过严格的测试。但是，如果你是和同伴练习或使用发球机，次级网球是可以接受的。

必不可少的装备

网球服装和其他装备是专为网球运动设计的，它们既能保证安全又穿着舒适。过去，对于在球场上穿什么样的服装有严苛的要求，大多数选手都穿白色服装，因为许多俱乐部要求这样。

如今，网球服正变得越来越时尚，许多款式和颜色都是允许的，但在5年前，它们还不被接受。一些知名网球选手自己设计网球服，这些网球服遍布街头的体育用品商店。非竞技层面的网球运动，通常对服装没有严格的限制，为的是最大限度地调动这一层面球员的积极性。为了避免尴尬或迷惑，打球时最好确认一下所在俱乐部在服装方面是否有要求。

选择装备

- 选择宽松、合体易于运动的服装，而且要有装球的地方。
- 阳光下打球要戴帽子，也可以使用太阳镜。
- 纯棉的腕带能够吸汗，保持拍柄干爽、握拍牢固。

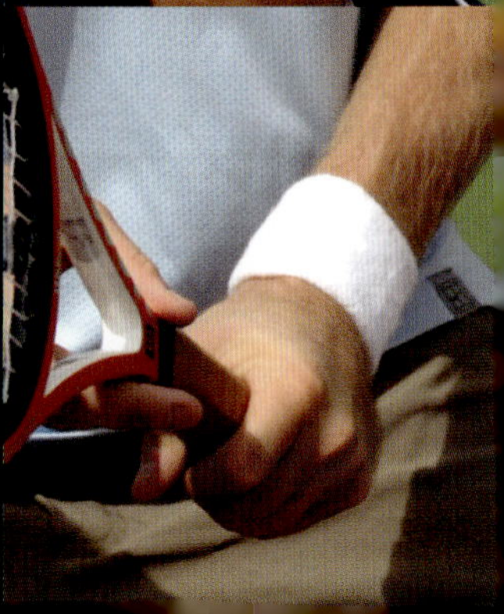

头部

带帽檐的纯棉帽子能保持头部凉爽，并防止阳光刺眼。在炎热的气候下，白色是不错的选择。

面料选择

选择专为网球运动设计的透气性好的面料，这能让你保持凉爽、舒适。

球拍柄皮

可自由使用的手胶吸汗防滑。手胶会增加手柄的大小，而手柄的大小通常是保持不变的。

脚趾 网球鞋在脚趾部位增加了耐磨设计。

鞋帮 为皮制或网眼，透气性好。

衬垫 鞋帮上的衬垫和鞋舌能够给脚部提供支撑，防止脚部磨损。

网球鞋

穿着专门为网球运动制作的鞋很重要，因为它们符合这项运动急起急停、横向移动较多的特点。网球鞋除了符合脚部的解剖构造之外，还要和场地类型相匹配，这样，球员才能有效地移动并避免受伤。

拱形支撑
拱形设计能为脚部和脚踝提供支撑，有助于缓解疲劳和快速向前移动。

脚跟支撑
脚跟部位的特殊减震垫能减少比赛中脚部受到的冲击。

鞋侧强化
鞋侧部得到加强，不容易变形，特别是在土场上滑步击球时。

不同的鞋底

- 没有纹路的鞋底适合在硬地球场穿着。室内球鞋的鞋底更加平滑，专为地毯和木制场地设计。
- 在草地上打球时，应穿着鞋底上有小的塑料防滑钉的网球鞋。
- 鞋底具有人字形图案的网球鞋，专为土场设计，能提供最佳的摩擦力。

避免受伤

- 确认网球鞋不要太紧，穿上厚厚的棉袜，不仅能够吸汗，还能防止水泡的生成。
- 不要穿跑步鞋或训练鞋，因为这些鞋在脚趾部位和鞋底没有耐磨设计，无法满足网球运动的要求。

球场分区

参见
DVD第一章

所有网球场都有标准的尺寸和布局，大部分都是单双打合一。

标准球场长23.77米（78英尺），单打宽8.23米（27英尺），双打宽10.97米（36英尺）。

所有球场都设有围挡。比赛区域施画白线，以界定球是否出界。“空当场地”指的是对面对手所在的区域，假设对手并不在中间。

中点右侧的场地称为“平分区”，左侧的场地称为“占先区”。每盘比赛的奇数局结束后，双方球员要交换场地。

球网由网柱固定，将整个球场分为大小相等的两部分。球网中心的高度应为91.4厘米（3英尺）。比赛开始之前，要检查球网的高度。

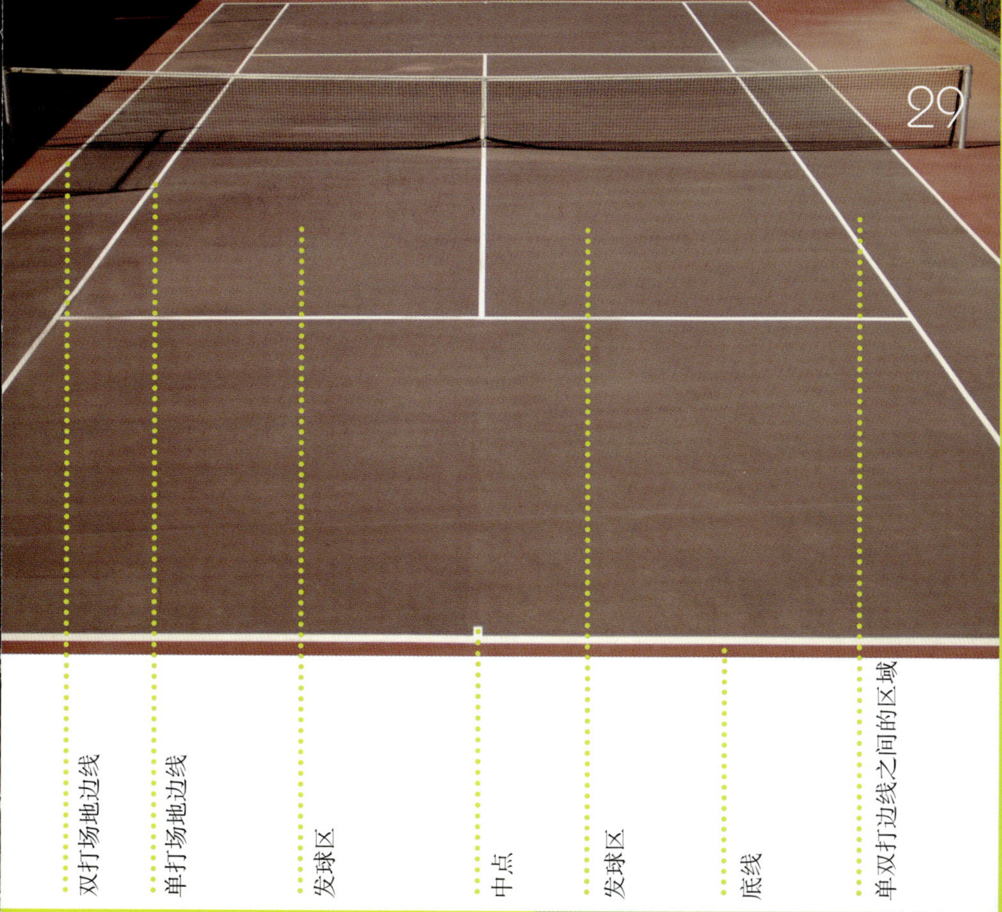

球场上的线

底线为球场的最后部，中点位于底线的正中间，边线和球网垂直，内侧的边线为单打场地，外侧的边线为双打场地，发球应进入的区域为发球区。

场地图示

在这本书中，你能看到这样的图示，用来表明不同的击球和位置。

场地类型

在草地这样的快速球场，球通常反弹较低，而在土场这样的慢速球场，反弹则较高。大力发球和发球上网型选手（发球之后立即来到网前截击）比较喜欢快速球场，因为在快速球场上，得分的速度更快、更容易。底线型选手（见第142–143页）更喜欢慢速球场，因为他们更适合打相持球。

a 节省时间

在土场上可以通过滑步击球，节省进入击球位置的时间。滑步不仅有助于保持身体平衡，还能缩短进入击球位置的时间。

b 预测反弹

硬地球场属中到快速场地，较低的反弹使得相持球的回合较少，因此，大力发球的选手具有一定优势。

c 场地准备

比赛之前，土场需要平整，以便球的反弹更加自然，并抹去球落地反弹留下的痕迹。

b

c

在快速球场

- 拍线穿得更紧一些，因为快速球场能产生更快的速度，较紧的拍线有助于更好地控球。

- 因为来球速度较快，你的反应时间减少，因此挥拍要简捷。

- 快速球场使得球速较快，为了控制住球，击球弧度要低。

- 具有攻击性。用力击球，瞄准球场的边角。在快速球场，击出一记好球通常意味着1分的结束。

在慢速球场

- 拍线穿得更松一些，击球时你需要使用自身的力量。

- 增加引拍的幅度，这样能够提供更大的力量，特别是反弹高、落点深的球，要大幅度引拍，击打强力上旋球。

- 击球过网高度稍高。在慢速场地击出浅球等于送给对手进攻机会。

- 足够耐心。在慢速球场，需要经过较多的回合球才能拿下1分。

局、盘和比赛

网球比赛有独特的记分系统。一名濒临失败的球员，可能在几分钟之后看见胜利的曙光。记分系统是动态的，一场势均力敌的比赛，不仅能让比赛双方全身心投入，更能让观众牢牢坐在座位上。

网球比赛的目标：

1. 通过得分，赢下一局比赛。
2. 赢下一盘比赛。
3. 赢下一场比赛。

什么是1分？

- 当球发出之后，未能将球打在界内的任何一方失分，另一方则得分。
- 比赛的每一分都由发球开始。
- 不得分则失分。得分有几种方式，最常见的是让对手回球下网或出界，或者在球第二次弹跳之前无法将球回过网。

什么是一局？

- 一局包含若干分。每局比赛都是从love（零分）开始。
- love=0；1分=15；2分=30；3分=40；4分=1局。
- 当双方各得3分时（40比40），为平分（deuce）。这时，只有连续得到2分才能赢下这一局。如果只得到1分，为占先（advantage）；占先后再得1分，就赢下这局比赛，但如果失掉一分，则又回到平分。

什么是一盘？

- 一盘包含若干局。球员必须赢得6局（至少净胜两局）才能赢下一盘。
- 如果局分为5平，需要连赢两局才能赢下这盘。局分为6平时，需要通过平局决胜决定这一盘的胜负。
- 这一盘先发球的球员，在平局决胜中发第一个球。接下来的两个球由对手发。此后，每2分轮换一次发球。每6分双方交换一次场地。
- 先得7分且净胜2分的球员，为平局决胜的胜者。当比分为6平时，直到一方领先2分为止，这一盘的比分为7比6。

什么是一场比赛？

- 一场比赛通常是3盘2胜制，比分可以是2比0或2比1。男子单打比赛也可以打5盘，先赢得3盘的球员为胜者。

基本规则

是游戏就要有规则。规则保证球员在相同的条件下展开竞争。对大多数初学者来说，规则和记分系统初看有些混乱，所以开始学习时要尽可能地掌握规则。

其实很简单：你要比对手得到更多的分数才能击败他。每分从发球开始。如果发球落在对手的发球区内而对手无法接到时，发球方得1分；如果发球被接回，这1分继续进行，直到某一方出现失误为止。

在比赛中

可以用手势（同时伴随呼喊）来表示球是否出界。手掌向下，表示对手的击球落在界内，用手指指出方向则表示球出界，即指向两侧，表示出了边线（见左图），向上指，表示出了底线。

比赛中，选手可以在球落地反弹之前触球。如果是在球落地反弹后触球，球必须落在单打或双打场地之内。球只有在落地之后才能被判定为“出界”。

每盘的第一局结束后，选手要交换场地，以后每逢奇数局，也要交换场地。上一盘最后接发的选手，下一盘率先发球。在平局决胜中先发球的选手，在下一盘中先接发。

发球规则

- 发球必须落在对角线上的发球区内。
- 每一局从平分区开始，之后在平分区和占先区之间转换。发球者必须站在底线之后，介于中点和单打边线或双打边线之间。击球之前，脚不能触线，也不能进入场地之内。
- 发球者有两次机会。球一发出，这1分便开始，如果球落在发球区内，这1分继续进行，如果发球不进区，则为失误。两次失误为双误，意味着这1分的结束。
- 球碰到球网之后落在发球区内，为擦网，可以重新发球。

接发球规则

- 接发球者可以站在任何位置，但理想的位置是在发球者对角线上靠近边线和底线的区域。
- 接发球者击球之前，必须让球在发球区内反弹。
- 接发球者不能故意分散发球者的注意力。

学习基本技术

立即开始……

开始：第40–55页

掌握基础意味着熟悉发球、底线落地球和网前球的握拍方式；练习准备姿势；知道如何、何时迈步；确切地了解击球后球的反应；做好上场的准备并全面享受练习效果。

让练习充满乐趣：第56–59页

加入俱乐部是你走向常规、放松练习的第一步，在这里，你可以和志趣相投的任何水平的球友一起练习。当你做好准备后，就可以给自己增加一些挑战，准备参加一些难度不大的单打和双打比赛。

在球场上：第60–67页

竞技性比赛的激动人心，会让选手进一步提升水平。一场实力相当的比赛，如救起一个好球、击出一记漂亮球等，能让大多数选手身心愉悦。双打比赛还能让你和同伴一起分享乐趣。

发球

每一分都从发球开始，而发球者通常被认为占据优势。

这一部分是因为发球者有两次发球机会，另一部分是因为有充足的时间来安排发球，因此，可以将对手置于不利的位置。由于接发球者不知道你会将球发向哪里，因此必须迅速作出反应。努力练习，掌握一手准确、值得信赖的发球非常重要。

a **准备**
采用大陆式握拍。球拍几乎和手臂呈一条直线。

b **拍球**
站在底线之后靠近中点的位置，身体侧对球网，用手将球在地上反弹几次。

c **击球**
抛球，用投掷的动作挥拍，在球到达最高点时击球。

参见
DVD第二章

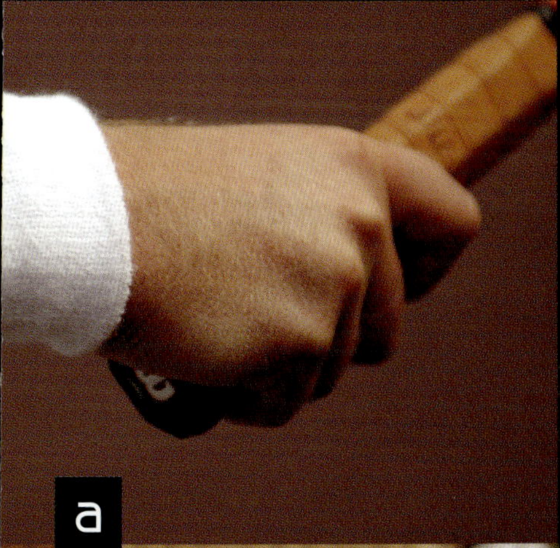

a

b

c

1分开始之后，底线落地球是非常基础的击球技术。

尽管这些击球能在场内的任何位置进行，但通常还是在底线附近击打。

底线落地球和握拍

握拍方式决定比赛方式，练习挥拍动作，掌握正确的握拍方式，直到击球时感觉舒适为止。

- 正手击球：向前挥拍击球之前，要进行转体。
- 反手击球：向前挥拍击球之前，挥拍手臂从体前挥过。
- 双手反手球员采用综合挥拍方式。

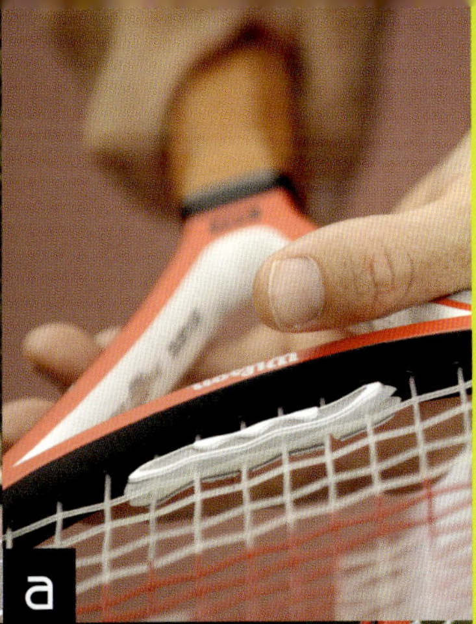

a

b

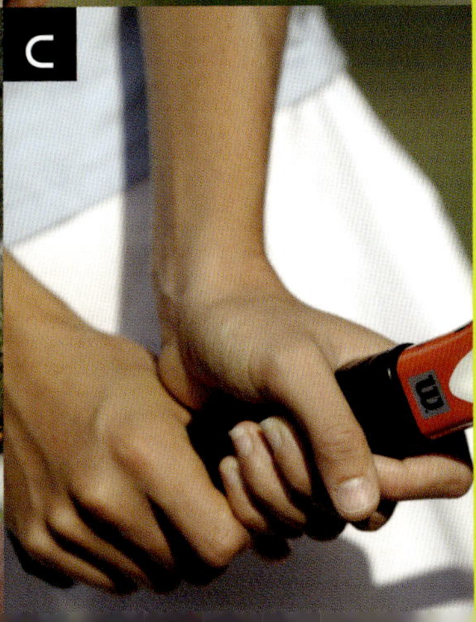

c

a 正手握拍

将食指置于拍柄第三、四斜面之上或之间。

b 反手握拍

单手反手握拍时，影响击球能力的不是力量，而是正确的握拍方式。打上旋球时，将食指置于最上面的斜面，打下旋球时，将食指置于第二斜面之上。两次击球之间，非持拍手扶住拍喉以作支持。

c 双手反手握拍

持拍手采用发球的握拍方式，将食指置于第二斜面之上，非持拍手放在持拍手之上。

网前

网前是指在距球网较近的地方击球（包括球落地之前或落地之后）。为了能不断地在网前得分，要求选手具备敏捷的移动、快速的反应和一流的击球准确性。网前有两种不同类型的击球方式，即截击球和高压球。截击球是指在球落地反弹之前的任何击球；半截击是在球刚刚反弹起来时的击球；高压球是在对手挑高球时使用的攻击性击球（见第124-125页）。

a

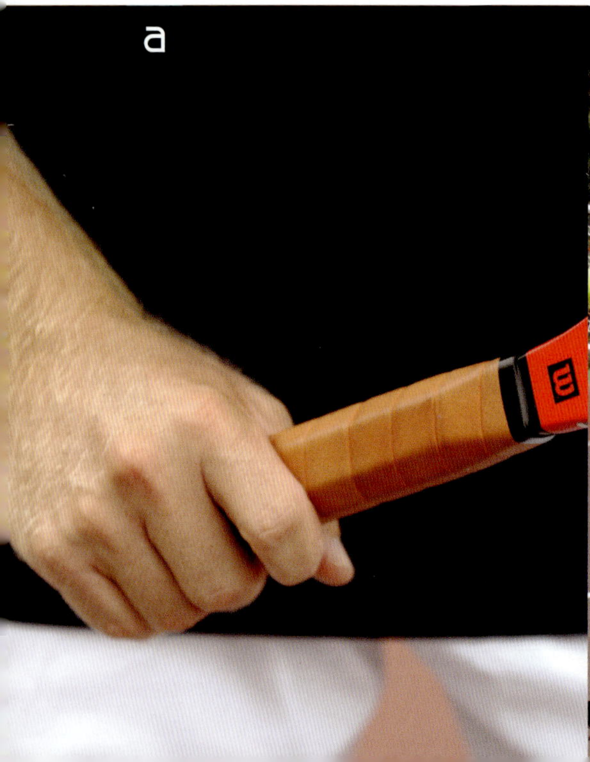

b

a 截击握拍

网前正确的握拍方式是，将食指置于球拍拍柄的第二个斜面。

b 正手截击

挥拍动作简捷，当击球点较高时，用力将球击向对方的空当场地。当击球点较低时，击球落点要深，或者角度较大。

c 反手截击

如果不会使用反手截击，则称不上是完全的网前选手。击球时使用单手能增强截击时的操控性。

d 高压

高压球应在球位于头部上方时使用，可以向前或向后移动，调整击球点，击球时要用力，并击向场地的空当。

c

d

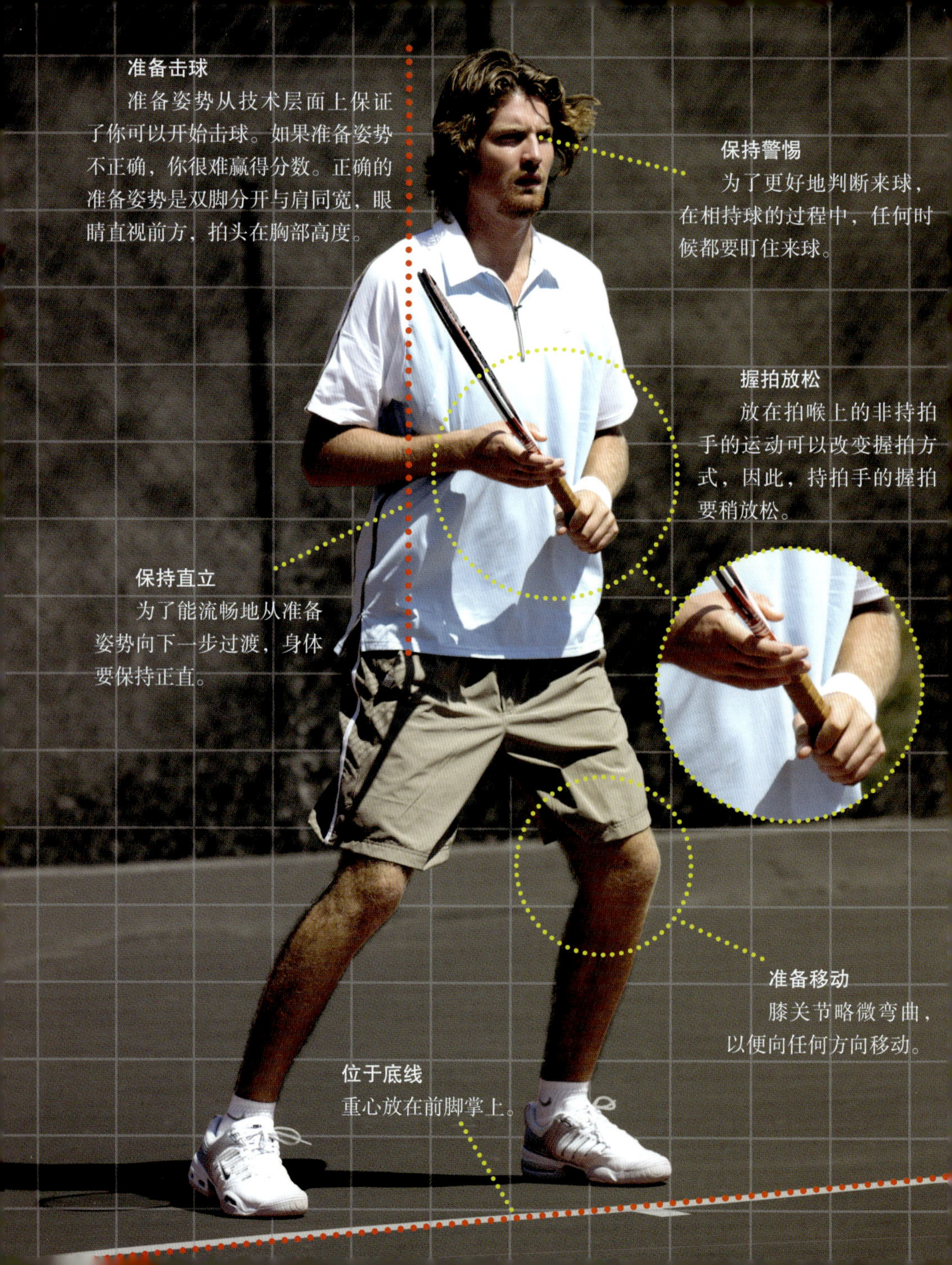

准备击球

准备姿势从技术层面上保证了你可以开始击球。如果准备姿势不正确，你很难赢得分数。正确的准备姿势是双脚分开与肩同宽，眼睛直视前方，拍头在胸部高度。

保持警惕

为了更好地判断来球，在相持球的过程中，任何时候都要盯住来球。

握拍放松

放在拍喉上的非持拍手的运动可以改变握拍方式，因此，持拍手的握拍要稍放松。

保持直立

为了能流畅地从准备姿势向下一步过渡，身体要保持正直。

准备移动

膝关节略微弯曲，以便向任何方向移动。

位于底线

重心放在前脚掌上。

准备姿势

这是网球的基础。它能让你的身体做好接发球、击打落地反弹球或截击球的准备。在每一次击球之前或之后，都要采取准备姿势，这能让你在最短的时间内以最大的加速度进入击球位置。准备姿势还能让你较为容易地转换握拍方式。

采取准备姿势在底线之后靠近底线的中间位置。参加竞技水平的比赛时，在每次击球后都要调整场上的位置。准备姿势的握拍方式与发球时的握拍方式一样（见第40-41页）。将握拍手食指置于球拍拍柄的第二个斜面，另一只手握住拍喉。当需要使用双手反手时，把握在拍喉的手下滑至拍柄即可。

为了保证回球的效果，准备姿势需要非常稳定。面对球网，将球拍置于身体中部，这样的准备姿势，既可以用正手击球（见左图），也可以用反手击球（见右图）。

许多选手在准备姿势时做挥拍动作或不停地跳跃，这样可以让精神和身体都处于警戒状态，并向对手暗示，你已经预判到了他的击球。

跨步

要想成功地击球，必须在引拍的过程中跨步。跨步能够确保以最佳的挥拍动作击球。你可以向任何你选择的方向跨步，但要根据来球选择合适的站位。正确的站位不仅能让你成功地击球，还有足够的力量和准确性向对手发起挑战并赢得分数。

a **开放式站位**
引拍到达最高点时，后腿向体侧迈出。主要用于距身体较远的正手击球。

b **战术性站位**
面对强力发球者，使用正手或反手的开放式站位，能快速并 有效地接发球。

参见
DVD第五章

c 侧向站位

当双腿位于一条直线并朝向球网时，你能更好地回击落点较浅或较深的球。

d 关闭式站位

前腿位于后腿的侧前方，和开放式站位正好相反，主要用于反手位。

c

d

平衡和力量
迈步时膝关节弯曲的程度取决于击球的高度。为了保持身体平衡，要确保重心正确转移，保持击球时的稳定
好的击球
由于挥拍稳定，球拍在触球时异常牢固
平衡
击球时非持拍手向外伸展，以获得更好的平衡
较早击球
由于腿留在后面，因此可以较早地击到球
好的挥拍
当将重心转移至前腿时，可以让臂部和肩部向前转，产生有力的向前挥拍
用力击球
击打位于肩部或肩部以上高度的球，转移重心的同时身体要向前倾斜，这能让你以较低的轨迹击出强有力的球

屈膝和重心转移

你在迈步时膝关节应弯曲到何种程度、迈步之后重心转移的程度又如何，这两方面对有效击球至关重要，需要以流畅的动作来保持身体平衡。

当击球点较低时，移动时屈膝很重要；当击球点较高时，就不需要太深的屈膝。为了让击球更加有效，挥拍时必须要有坚固的基础，这意味着你要把大部分重心放在一条腿上。为了做到这一点，迈步之后要立即移动身体，把体重转移到这条腿上，这一过程被称为重心转移。

a 做好准备

向前迈步击打落点较低的正手球时，要屈膝，这能让你由低到高挥拍，打出上旋球。

b 转换重心

挥拍时，将大部分重心转移到前腿上，以增加挥拍的力量。

a

b

增加旋转

旋转对于球在空中的运动和落地之后的反弹有相当大的影响。给球施加旋转能更好地控制击球，大幅提升你的网球技术。旋转能够产生不同的效果，你应该掌握何时和如何使用旋转以发挥它的最大功效。

- 上旋使击球高于球网，能让球安全地落在对方场地之内。因此，你可以更用力地击球。
- 下旋使球“飘移”，给你更多的时间来恢复位置。当球的飞行轨道较低时，落地反弹的高度也比较低。
- 侧旋使得球的飞行轨迹朝与球拍运动轨迹相反的方向旋转。直接击向身体的侧旋球，回击的难度很大。

a 上旋

为了制造上旋，将身体置于球的旁侧，从下向上挥拍，击球之后，球会朝远离身体的方向旋转。

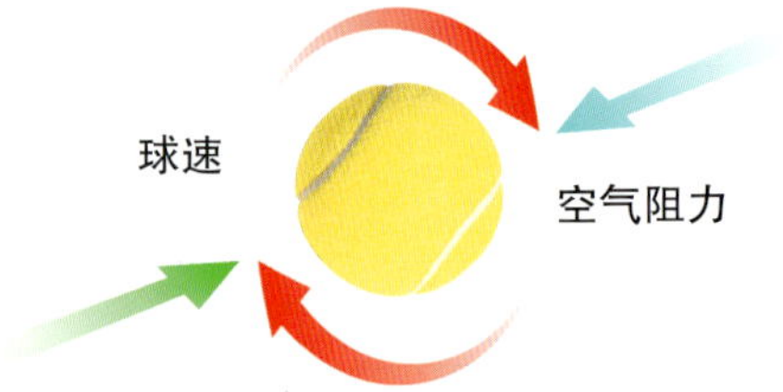

b 下旋

为了制造下旋，将身体置于球的后方，从上向下挥拍，击球之后，球会朝身体所在的方向旋转。

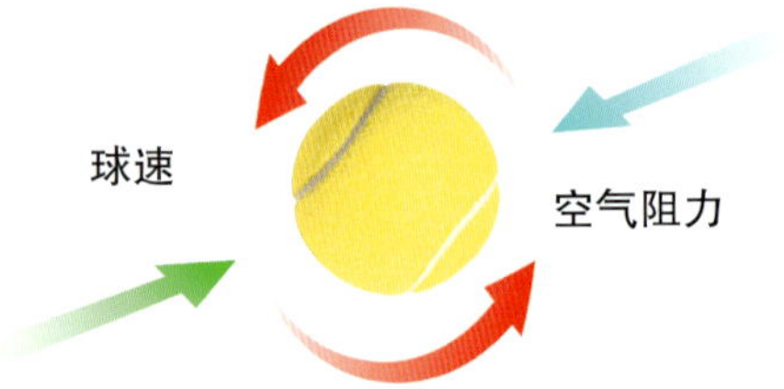

c 侧旋

侧旋多用于在肩部或肩部以上位置的击球。将身体置于球的后方，在与球同高的位置向前挥拍，身体前倾用力击球。

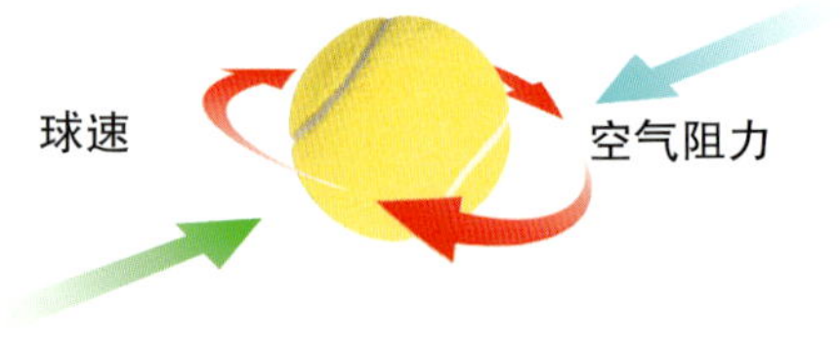

a
b
c

球的飞行

保证球以正确的飞行轨迹越过球网并落在对方场地之内，能够显著提升你的网球技艺。许多球员认为（也许是通过电视观看网球比赛之后），比赛时球的过网高度都非常低。如果你经常模仿较低的过网高度那会让你沮丧失望。为了增加乐趣，你要使球以安全的高度越过球网。普通的底线相持球，过网高度大致与头部相当。持续不断地加以练习，你就能击出落点较深的球。

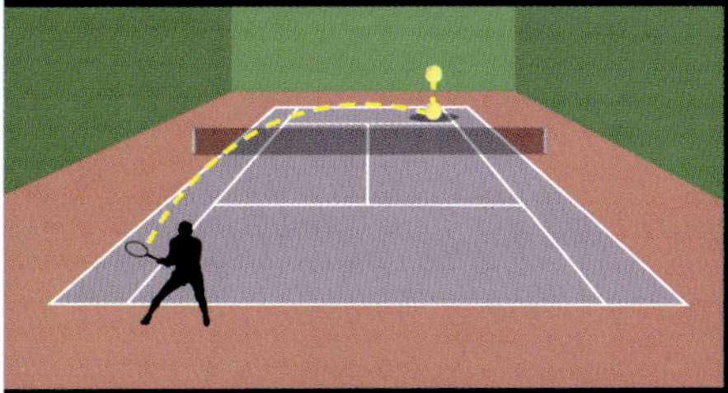

1 从底线位置

底线击球应为向上击球，并使球以安全高度越过球网。持续不断地追求擦网而过，是在自找麻烦。

2 从头部高度

当击打较高且距网较近的球时，应向下击球。你有足够的高度可以让你发力。

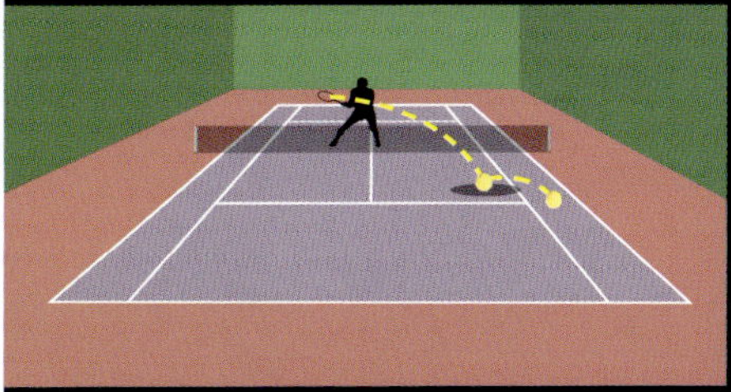

3 从较低位置

当距网较近且击打低球时，你需要向上击球。要想成功，你必须克制住来球，击出擦网而过的球或将球击得又高又深。

加入俱乐部

具有社交功能的俱乐部能鼓励你更多地参加网球运动，周围的其他球员也能激发你提高比赛的能力。

加入俱乐部，要按月或按年支付俱乐部设施的使用费，不同的俱乐部有不同的收费标准。会员资格包括球场的使用，也许还包括餐厅、体育馆和游泳池。

大多数俱乐部都配有职业选手或工作人员，以帮助会员寻找合适的练习伙伴。与自己水平相当的人练习非常重要，这样可以共同提高，不会产生与高手练习时的恐惧感。网球教练员也可以在很多方面帮你提高比赛水平。当然，周围有更好的选手，肯定能促进比赛水平的提升。当你发现，能和过去击败过你的对手打成平手时，你的信心将得到极大提升。

第一次练习

你的第一次练习应该乐趣无穷，对于每一位参加者而言，他们能从不同的方面感受到网球运动的乐趣。

一些球员热衷于网球社交，另一些人看重它的健身效果，还有一些人享受网球的竞技性。和某一位球员组成一个小团体，对提高比赛水平很有帮助。开始练习时，频率要快一些，每次练习的时间要短一些，即少量多次。这样，在提升球技的同时，还能增强耐力。

练习提示

以下练习能帮助你和搭档提升比赛能力：

- 将注意力集中在回球过网上，提升相持球的能力。
- 每一次相持球都从放小球开始，将球较为轻松地击给同伴。
- 轻打每一记球，让球一直“活”着。
- 每次练习时设定一个目标，如将10个球打在界内，然后是20个、30个……
- 尝试打比赛，由喂球开始，打11分。打成10平后，获胜者必须净胜2分。
- 使用一筐球，像发球机一样一个接一个地喂给同伴。
- 每次练习结束前，练习几次发球，以更好地理解这一动作。随着稳定性的增强，你的发球会越来越好。

参见
DVD第一章

什么是单打

大多数人都是从单打比赛开始的，一名球员对阵另一名球员，使用场地的单打区域。单打比赛需要练习，但乐趣也很多。人在放松的时候，能有更好的表现，也能学到更多的东西，因此，要让自己非常享受，并经常鼓励同伴。

要想成为一名优秀的单打选手，你必须具备一定的体能、击球的变化能力和战术知识。基本的击球练习完成之后，在具备了相当程度的相持球能力时，可以结合发球来打几分比赛。尽管比赛仍处于友谊性质，然而赢球总不是件坏事。当你已经对击球操控自如时，接下来的目标就是让球的落点远离同伴的身体。

单打比赛时的提示：

- 每次击球后都回到准备姿势（见第46–47页）。
- 为了避免让对手占据优势，底线落地球要尽可能地回深。
- 想让1分球进行得更长、更精彩一些，就要掌握稳定的发球和接发球。
- 为了更好地移动并提高整个比赛的水平，脚下要灵活——这能让你接到更多的球。
- 所有的发球落点都要深一些——这能给对手施加压力。
- 为了持续稳定地击球，眼睛要盯住球。
- 打直线球（接近边线）之后，改变战术，打斜线球。
- 想象击球时的感觉——精神动力能转化为身体力量。
- 在每一个机会出现时拖延时间，为下一次击球做好正确的准备。

进行单打

你越来越自信，是时候进行一场友好并具有一定竞争性的比赛了——这会让你的肾上腺素加速分泌。保证单打稳定性的一条简单原则是，将大部分球打斜线，因为球网的中间比两端低，斜线能让场地变长，你可以用力击球而不让球出界。

比赛的基本原则很简单（见第32–35页），即与自己水平相当的人比赛，这能让比赛更加激动人心、更具挑战性。通过旋转球拍来决定由谁来开始比赛。在球拍落地之前，另一名球员喊“上”或“下”。检查一下拍柄标识的方向，猜对的一方选择发球或接发球，另一方挑选场地。对待比赛，一定要有积极的态度。

单打比赛的黄金法则：

- 承认对方打出的好球。
- 为避免争议，发球一方每次发球前都要报一下比分。
- 尽100%的努力，集中精力。
- 友谊第一，比赛第二。对无法准确判定落点的球，作出有利于对手的判罚。
- 比赛结束时握手。负者向胜者表示祝贺，之后交流比赛心得，安排下一场比赛。

什么是双打

优秀的单打选手并不一定擅长双打。双打需要不同的技术，面对不同的压力。和单打一样，双打也有基本规则和得分手段。在双打比赛中，4名球员使用整块场地。有时，为了赢得比赛的胜利，双打的两名选手可以临时组成搭档。

双打分为男双、女双和混双。在竞技性的比赛中，双打的双方要求对等（男双对男双、女双对女双、混双对混双）。在非竞技性的比赛中，经常根据参赛者的水平确定搭档。双打属于社交型的比赛，俱乐部球员经常更换搭档，以便能结识更多的朋友，但他们也会兼顾竞技性比赛的需要。在双打比赛中，搭档之间的良好沟通非常重要，另外，需要保持放松、娱乐的心情。保持固定的搭档，在双打比赛中能占据较大的优势。

双打技巧

- 交流是关键。当对手的来球落在你和搭档之间时，如果你的击球机会更好，喊一声“我的”，如果搭档有更好的机会，则喊“你的”。
- 水平较高的双打选手需要较强的截击和发球能力。
- 每一次击球只允许一名球员触球。如果在你击球之后，你的搭档又碰到了球，则对手得分。
- 回球需要一定的准确性，因为你有两个对手准备向你发起进攻。双打比赛的速度很快，因此快速反应是关键。

进行双打

双打需要良好的配合，优秀的双打选手一般都能感知搭档的心思。如果你和同一个搭档配合了一段时间，你就会发现，你能预判他的移动方向。你和搭档要依靠策略来控制网前，双打实际上是网前的游戏，依靠底线无法像网前那样赢得比赛。双打选手还需要提高截击能力，最好的击球落点应选择中路深球或大角度球。

双打站位并没有固定的原则，但理想的阵形是一前一后。一方发球时，发球者站在底线后双打边线和中线之间的区域，发球者同伴站在网前，接发球者位于底线，接发球者同伴位于网前。在任何时候你都必须了解同伴和对手的位置。

双打提示

- 双打中的每名球员负责防守己方所在的半场。决定哪一方先发球之后，发球方应该让发球能力较强的选手率先发球。接发球方接发球能力较强的选手站在占先区。
- 接发球时，击打斜线球，以避开对方的网前选手。
- 为了在跑动中保持位置，应将球打向单双打边线之间的区域或挑过顶高球。
- 网前球员不放过任何一个在可控范围内的机会球，并争取一击制胜。
- 在网前具有攻击性，不要害怕失误，即便你的击球出了底线或边线，对手也会忌惮你在网前的表现。
- 截击的关键是动作简捷，几乎没有向后的引拍。
- 和同伴制定一套手势信号以交流意图（见图）。图中的选手在向同伴暗示，他希望球能发向哪个方向。

上场比赛

立即开始……

提高发球能力：第72–75页

发球是1分的开始，发球者可以通过发球来控制这1分的走向，因此，拥有技术动作正确的发球非常重要。在这部分，学习如何大力发球，如何使用上旋发球和侧旋发球以增加优势。

提高击打落地球能力：第76–83页

比赛中大部分击球都位于底线附近，要想成为不好对付的球员，你必须提升击打落地球的能力。大多数球员进攻对手的反手位，让球远离其较为强大的正手。增强反手实力能够避免让对手轻松得分。

掌握网前技术：第84–89页

作为全面型球员，应该能够从场地的任何位置击球。精通网前技术，能够让你轻松赢得更多分数，这里会告诉你如何移动并较早击球。

像职业球员那样移动：第90–103页

对于对手来说，你最大的武器是迅速进入击球位置，将他们打出的好球击回。学会有效移动将提高你的击球质量，并极大地提升你的比赛能力。

大力发球

球员有两次机会开始每1分，将球发向对角线的发球区。一发要用力以便获得优势，二发要保证安全。出色的发球是你赢得分数的第一个机会，因此，你使用的力量越大，效果越好。稳定性是关键，要尽可能多地练习。

1 在底线之后侧向站立，双脚分开与肩同宽，直臂抛球。

2 保持转肩的姿势，握住球拍，将抛球手臂伸直。

3 开始引拍，将球拍抬起，持拍手臂弯曲90° ，前臂与地面垂直。缓慢引拍，腿部弯曲。

参见
DVD第二章

4 将球拍置于背后，用脚蹬地，通过向前转肩提高引拍手臂肘部的高度。保持抬头的姿势，球拍向高处够，加速击球，将最大的力量传递给球。

5 击球过程中，抛球手臂从体前经过。击球之后，前脚进入底线之内，尽快恢复成准备姿势（见第47页）。向下随挥，并在体前完成。

发球类型

发球有三种类型，即上旋发球、侧旋发球和平击发球。三种类型都可作为一发或二发使用，但基本的发球策略是一发使用平击或侧旋。平击球球速较快，侧旋球可以调动对手，上旋球是三种发球中最安全的，通常作为二发使用。不断变化发球很重要，能够提升比赛的效果。

a 上旋发球

能够安全地越过球网并产生较高的反弹，接发的难度较大。向斜后方抛球，从低到高挥拍，几乎在头部 之后触球。

b 侧旋发球

侧旋的主要目的是让球远离对手。在体前抛球，与挥拍的肩部成一条直线，击打球的外侧。

平击发球
几乎没有旋转，用来产生速度，为的是让对手几乎没有时间反应。将球向前上方抛出，在体前击球
更大力量
手腕收缩击球以获得额外的加速和力量
垂直倾斜
肩部倾斜，击球时挥拍手臂处于垂直位置
触球
击球时，非持拍手经过身体
向前
随挥向下，位于体前
平衡
由于身体向前倾斜，需要抬起后腿保持平衡

参见
DVD第二章

完善正手

正手是网球中使用最多的击球方式，也是大多数人首先学习的技术。通过练习，正手能够发展成为十分有用的武器。富有攻击性的正手上旋球能够在底线一击制胜，无论是初学者还是水平较高的球员，这都是主要的落地球练习内容。完善正手将显著提高你的比赛能力。

1 从准备姿势向体侧转体，采用正手握拍方式，同时将球拍放在另一只手的手掌里。

2 开始向后引拍，手臂保持弯曲。轻轻地将球拍抬起，进行环形引拍。慢慢引拍并转肩。

3 继续慢慢引拍，将球拍置于低于来球的位置，通过上旋，向上提拉球。

参见
DVD第三章

4 从低到高加速挥拍，盯住球，用力击打。后脚尽量不要上步，除非来球过低。

5 在体前随挥，恢复成准备姿势，准备下一次击球。

强大的双反

如果能够得到正确使用，双反能成为具有支配作用的击球方式，因为它具有很强的攻击性。

你可以在球的上升期击打，这需要进入底线内并较早击球。较低的球和肩部高度的球，也能够进行强攻。你还可以通过隐蔽击球方向让对手判断失误。

双反击球变化多端，能够提供特殊的力量和控制力。

- 能够轻松地打出上旋高球（见第124–125页），而且效果很好。
- 即使击球过晚，仍能将球回击过去。
- 面对大力发球，双反能让接发球更具控制力。

参见
DVD第四章

1 一手握住拍柄，另一只手扶住拍喉。

2 向体侧转体，扶住拍喉的手下滑至拍柄。

3 开始将重心转移至后腿，并向后引拍。

4 完成引拍和转肩，将球拍置于低于来球的位置。

5 盯住球，加速挥拍击球，保持前脚的位置。

6 体前随挥至肩上，动作结束时面部朝向对手。

上旋单反

击出强有力的上旋单反的关键是在腰部高度击球。通过由低到高的挥拍，能够给球施加上旋，并在可控范围内给球加力。对手将球击向你的反手位时，可以使用上旋单反。上旋单反不仅是值得信赖的击球方式，顶级选手还能将它发展成为致命武器。

1 从准备姿势开始，两眼盯球，当判断出来球打向你的反手位时，准备移动。

2 转体，采用反手握拍方式（见第43页），用手指扶住拍喉，确保拍头立起。

3 手臂略微弯曲，慢慢向后引拍。引拍的同时转肩。

参见
DVD第四章

4 慢慢向前挥拍，手部低于来球高度。拍头应该位于体后。

5 加速挥拍击球，确保身体朝向体侧，另一只手臂留在后面。从低到高挥拍，产生上旋。

6 随挥高于肩部。手臂伸直，拍头高于手腕。

反手削球

完美的削球能很好地提升攻防能力。在快速球场上，由于球速很快，削球的效果尤其好。削球能够增加你的击球范围，可以在被调动到场外时使用。面对肩部以上高度的来球时，反手削球尤其奏效。来球较低、较浅时，也可以使用削球。削球也有轻重之分。

1 转体，将拍头立起，几乎与地面垂直。保持准备姿势时的握拍，将非持拍手的大拇指放在拍框上，以便最大限度地控制球拍。

2 慢慢开始向后、向上引拍，挥拍手臂弯曲，眼盯球。削球时，击球位置在球的旁边。

3 为了完成引拍，手部位置要高于来球，球拍与地面平行。

参见
DVD第四章

4 从高至低向侧面挥拍，给球施加下旋。盯住球，加速挥拍，保持身体的侧向位置。后腿和后臂不要上前。

5 随挥是由下向上的U字形状，拍面朝向天空。

有效的正手截击

如果你掌握了正手截击技术，就能很容易地得分，并让对手始终处于压力之下。

在球落地之前的任何击球都可以称为截击。截击多在前场使用，由高到低挥拍，幅度不大。半截击用在球刚刚反弹之后。在前场使用半截击时，要由低至高挥拍。

使用抽击方式的截击称为凌空抽击。凌空抽击多出现在中场，当对手打出力量较弱的“月亮球”（挑高球的一种）时，如果你对自己的抽球很有自信，那就可以使用攻击性很强的凌空抽击，将球打向空当场地。

参见
DVD第六章

1 具备进攻的意识，当对手回球力量较弱时，随时向网前移动。

调整挥拍

正手高截击具有较大的力量，对手很难回过来（近侧右图）。

半截击的力量不会太大，但落点较深，而且打向对手的反手位（远侧右图）。

2 转体，拍头高于手腕。非持拍手离开球拍。

3 将非持拍手移至体侧的同时，持拍手臂伸展。拍头立起，迈步，眼盯球。

4 向前挥拍的幅度很小，由高至低挥拍。随挥的幅度也较小，拍面打开。

反手截击

反手截击的击球位置在球的旁边，关键是要使用幅度较小的由上至下的挥拍，拍面触球时手臂伸直，随挥动作极小。

- 大多数选手将注意力放在正手截击上。其实，为了有效地封网，反手截击也应得到同样的重视。

- 第一拦截应在发球线内完成，之后继续向网前移动，准备第二次截击，这样留给对手的反应时间很少，让你能打出刁钻的角度。

- 放小球截击，要求球擦网而过。你要将来球的力量“卸”下来，在球与拍线撞击时，拍面打开。

参见
DVD第六章

1 从准备姿势转体，将拍头立起，几乎与地面垂直。

截击技术

打高截击，挥拍动作要大。挥拍的高度越高，拍头离后背越远（远侧左图）。

打低截击，挥拍动作要小，由低至高挥拍（近侧左图）。

2 持拍手向体侧伸展，拍头保持立起，拍面打开。前腿向前方或斜前方（击球点离身体有一定距离）上步。

3 眼盯球，由高至低加速挥拍击球，但挥拍幅度较小。

4 随挥的幅度较小，逐渐让拍面打开。

参见
DVD第六章

高压进攻

当对手挑高球时，要尽一切努力打出高压球，因为好的高压球很难回击，能够帮你赢得非常有价值的1分。击球之后，移动到网前防守。高压球通常在前场使用，击球力量较大。如果从后场打高压球，击球一定要准确。如果球很高，可以使用落地高压。

1 **正手高压**
从准备姿势开始转体，盯住球。

2 快速移动，将身体置于球下，挥拍手臂放在体侧。

3 慢慢移动前臂，与地面垂直，非持拍手向上伸出。

1

反手高压

从准备姿势开始转体，手部位于肩部高度，拍头下落，向后转移重心。

2

向上跳起，转肩击球。伸直手臂，如要获得额外力量，使用手腕。

3

落地时一般背部朝向对手，因此要立即恢复至准备姿势。

4

慢慢引拍，拍头下落至背后。肘部提升，肩部前移。

5

要有攻击性。头部立起，球拍向上够，加速挥拍击球。

6

击球之后，随挥从体前经过。

分腿垫步和接发球

分腿垫步是一种先进的、动态的准备姿势，能让你向任何方向移动并击球。当你准备接发球时，分腿垫步尤其重要。

分腿垫步包括将两腿置于比肩宽的位置、弯曲膝关节并让身体放松。在对手正在向前挥拍即将击球的一瞬间,使用分腿垫步。对于普通的底线击球来说，你只需在对手击球时从所在的位置完成分腿垫步即可。

1 准备接发球时，屈膝，身体前倾，重心不停地在两腿之间转换。

2 对手开始发球动作即将触球的一刹那，重心提起，向前迈步。

3 在连续的动作中，另一只脚也上步，向前跳，双脚分开。

参见
DVD第五章

参见
DVD第五章

分腿垫步和截击

尽管各种击球方式都需要分腿垫步，但当你在移动中截击时，分腿垫步尤其重要。在向前跑动时，改变方向是较难的。尽管做分腿垫步动作时会略微放慢移动速度，但它能保证你向任何方向移动。分腿垫步还能扩大击球范围，帮助你完成有效的截击（见第84–87页）。

1 对手即将击球的瞬间，向前迈步，另一只脚随之上步，双脚分开。

2 完成分腿垫步之后立即移动，不要保持这一姿势。在移动截击之前，千万不要让自己停下来。

3 分腿垫步的姿势能确保你迅速向正手或反手方向移动。

侧滑步和正手

侧滑步能提供速度和准确性，并帮助你自由自在、流畅地向来球移动，它是良好步法不可缺少的组成部分。一只脚先跨一步，另一只脚跟上跨一步，即为侧滑步。向后移动击打深球、向前移动击打浅球或向两侧移动时，转体并使用侧滑步。

1 完成分腿垫步后，将后脚转向正手方向。

2 使用幅度较小、具有弹性的侧滑步，同时开始向后引拍。

3 重心保持在后脚，上步引拍时转肩。

参见
DVD第五章

4 向体侧迈步时屈膝，因为你在打正手，所以使用开放式站位。

5 将重心转移至前腿，向前挥拍。

6 加速由低至高挥拍击球，提升重心以帮助随挥。

侧滑步和反手

有效地使用侧滑步，能让你流畅地进入反手击球位置，几乎不用费力就能很好地控制球。而且，它能让你在最合适的击球时机击球。在你迈步迎球的同时，确保自己有足够的向前、向上的挥拍空间。

1 分腿垫步之后，准备使用反手击球。

2 使用幅度较小、具有弹性的侧滑步，转动臀部和肩部，保持引拍的动作直至来球靠近。

3 向体侧迈步，开始向后引拍。向斜前方上步之前，重心放在后腿上。

参见
DVD第五章

4 前腿向斜前方上步时继续向后引拍。

5 向前挥拍的同时，重心转移至前腿。

6 提升身体重心，随挥动作完整、流畅。

交叉步

左右脚交替向前、向侧或向后移动的步法，即为交叉步。进行正手或反手击球时，交叉步同样能发挥很大的作用。侧向移动时，交叉步比侧滑步的移动速度更快，因为它的步幅更大。在回击大角度球时，交叉步尤其有效，能让你迅速进入击球位置。

a 转身、准备

分腿垫步之后，将起动脚转向反手方向，身体前倾，准备起动。

b 交叉步移动

眼睛盯住来球，使用交叉步进入击球位置。

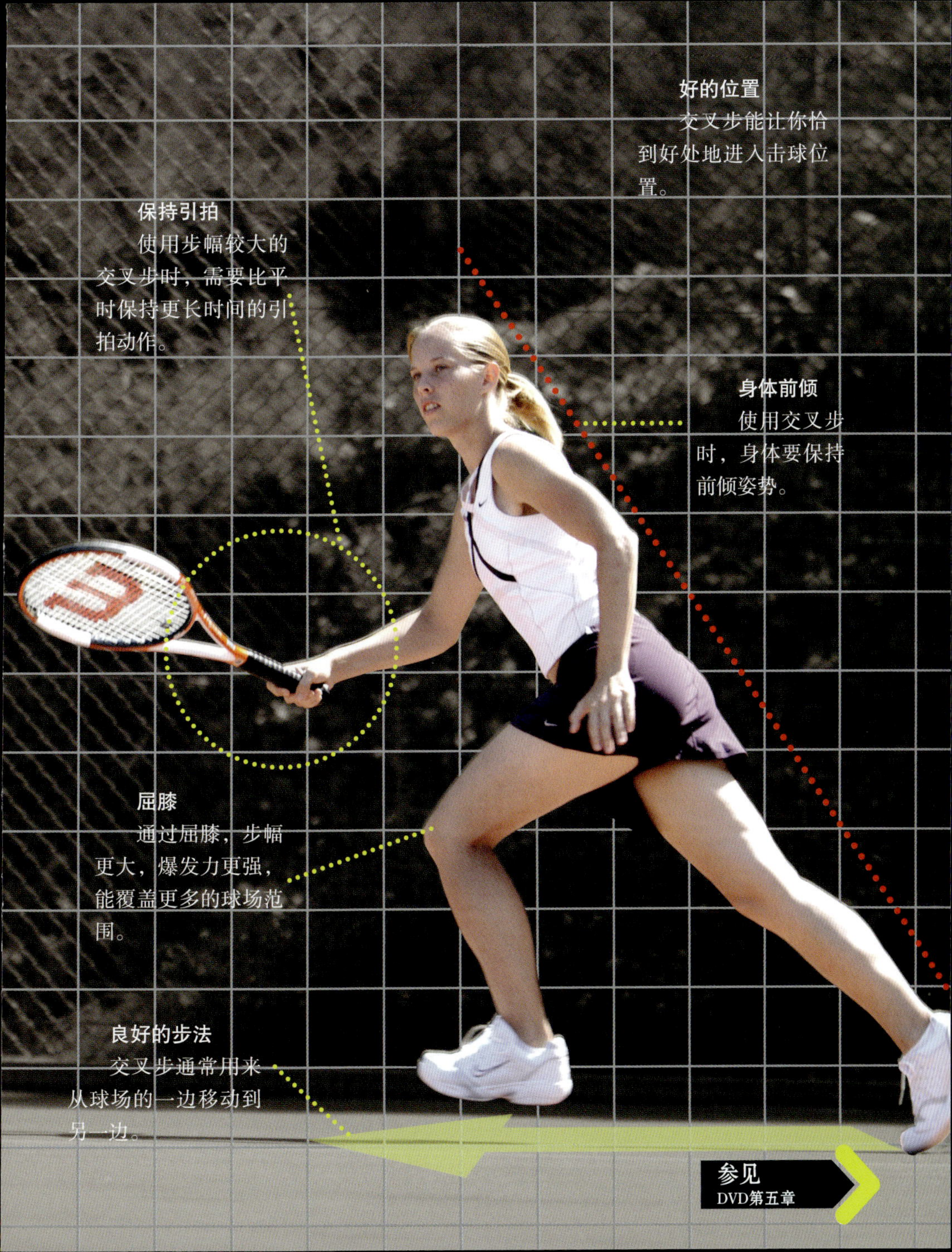
好的位置
交叉步能让你恰到好处地进入击球位置。
保持引拍
使用步幅较大的交叉步时，需要比平时保持更长时间的引拍动作。
身体前倾
使用交叉步时，身体要保持前倾姿势。
屈膝
通过屈膝，步幅更大，爆发力更强，能覆盖更多的球场范围。
良好的步法
交叉步通常用来从球场的一边移动到另一边。
参见
DVD第五章

交叉步和高压球

当对手企图让你后退、远离球网时，交叉步能发挥很大的作用。对手打出落点较深的挑高球时，你可以使用交叉步配合正手高压球。

对手挑落点较深的高球时，向后跳起击打高压球。这是网球中最激动人心的击球方式之一。对手还会对自己的挑高球能力产生怀疑。

参见
DVD第五章

1 向后移动的同时转体。

2 前腿向后做大幅度交叉步移动。

3 准备跳起高压，防守更多的场地。

4 向上跃起击球之前，重心转移至后腿。

5 离地之后，尽可能地向上跳起击球。

6 另一只脚率先落地，之后向网前移动，不要忘记分腿垫步。

复位步法

复位步法能让你在击球之后回到准备姿势。在竞技性比赛中，准备姿势不是静态的。当你击出球之后，至对手回击球之前，你应该做好准备。如果你击打斜线球，在中点之前使用复位步法；直线球需要在中点的另一侧复位；如果打中路直线，就在中点附近复位。

1 完成一记令身体失去准备姿势的击球之后，立即准备下一次击球。

2 为了能尽快地复位，以后腿作为起动腿。

3 身体前倾，做大幅交叉步，面部朝向对手。

参见
DVD第五章

4 完成交叉步之后，使用侧滑步，做好准备，对手的来球可能打在你的正手位或反手位。

5 脚下具有弹性，双脚离地，能让你的步子更大，防守更多的空当。

6 当对手向前挥拍时，你最后一步侧滑步应是分腿垫步，垫步为的是能对对手的击球迅速作出反应。

更聪明地比赛

立即开始……

早期优势：第108–111页

学会发出力量较大、角度刁钻的球，能让你在任何比赛中占据优势。当你已经能做到持续稳定地发球，就可以在接发球局中冒更大的险以寻求破发。

正确的战略：第112–117页

在你实施高级战略之前，需要首先制定赢得比赛的计划。当你掌握斜线相持球和选择正确的击球方式后，对手为了赢球，就必须冒很大的险。

施加压力：第118–121页

赢得一场比赛需要成功实施不同的战术。依靠这些战术，你能根据对手的弱点制定战略，持续向对手施加压力。

让对手不停猜想：第122–131页

为了能够战胜对手，你需要学会使用不同的击球方式。依靠这些击球方式和改变战术的能力，让对手在整场比赛中很难有放松的机会。

参见
DVD第八章

发球

除ace球之外，每1分都是从发球和接发球开始的。正因为如此，你要提升发球和接发球的水平，以便能够尽早占据优势。

发球时最重要的是避免双发失误，否则，对手连球都没有碰到，你就丢掉了1分。随着信心的提升，你可以变换发球，让球落在发球区中的不同区域，这会增加对手接发球时的难度，但发球战术的实施要以发球不失误为前提。

赢得发球分的战术

- 发球时，阳光会影响你的视线。为了尽量减少阳光的影响，需要调整抛球和发球动作。
- ace球是最佳得分方式。使用平击发球，瞄准发球区的三条线。
- 为了能够发球直接得分或让对手接发球质量不高，需要变换发球的落点，缩减对手的反应时间。
- 瞄准发球区的两个边角会让你的对手非常为难，因为他们不得不在跑动中接发球。
- 瞄准对手的身体（追身球）——对手回球会非常困难，因为他们根本没有准备的时间。
- 了解对手的弱点，如反手比较弱，那就发向反手位。
- 了解球网。尽管你有二发的机会，但如果一发下网，二发时要格外当心。

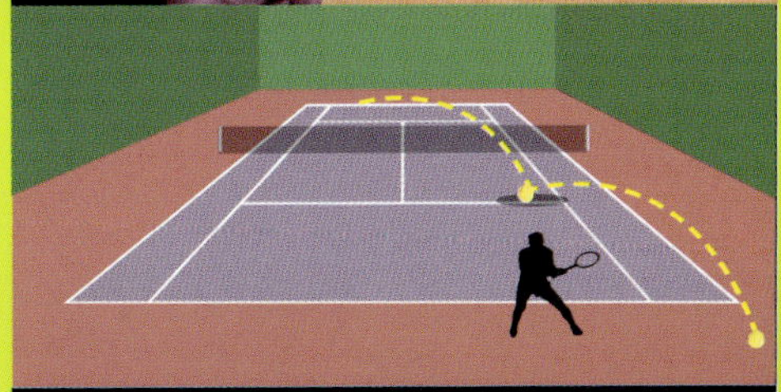

事先制订发球计划

变换发球落点，让对手捉摸不透。发球之前，确定战术。例如，设想通过切削式的外角发球将对手调动到场外，然后将质量不高的接发球击打至对方的空当。

接发球

高质量的接发球能够抵消发球者的优势。面对发球较强的对手时，接发球者需要使用分腿垫步和开放式站位。

为了在接发球时获得优势，需要仔细观察发球者的抛球位置，这能为预判对手的发球类型提供依据，还能让接发球者在思想上做好准备。

接发策略

- 在快速球场接发球时，简化击球动作。慢速球场让你有较充分的时间进行引拍。
- 当对手的发球较弱时，不要在下降期击球，应向前移动，在球反弹至最高点时击球。
- 当球的落点位于发球区中部时，用具有攻击性的正手接发球。
- 当对手的发球力量较大时，应向后移动，给自己更多的反应时间。为了增强对球的控制，缩短挥拍的幅度。

参见
DVD第八章

a 盯球

从球一离开发球者的手就开始紧盯球，这能帮助你预判球的落点。

b 瞄准脚下

面对发球上网型（发球后迅速跑到网前进行截击）选手时，向前迈步，将接发球回至他们脚下。

c 准备姿势

单手反手球员使用准备姿势握拍（见第47页），并用另一只手握住拍喉以支撑球拍。

d 调整握拍

双手反手球员接发球时，两只手都应握在球拍上。这样，只需要稍微的调整就可以接发球了。

相持球

比赛中，将球连续地击过球网就形成了相持球。对大多数球员来说，只形成相持球并不是一种很好的策略，他们急于尽早结束这1分，寻求一击制胜。但是，相持球是网球的基本策略之一，是必须要练习的。通过相持球的练习，你能成为一个较难对付的对手。持续不断地让对手冒险，是最轻松地赢得比赛的方式。

在相持球中占据优势

- 发球或接发球之后打斜线，不会留给对手太多的空当。
- 将击球目标控制在底线和边线之内。如果你将击球目标定在线上，失误的可能性非常大。
- 保持足够安全的过网高度。击球落点要深一些，让对手很难进攻。
- 使用不同的击球方式。如果你的击球意图被对手猜透，对手就能比较轻松地得分。

a

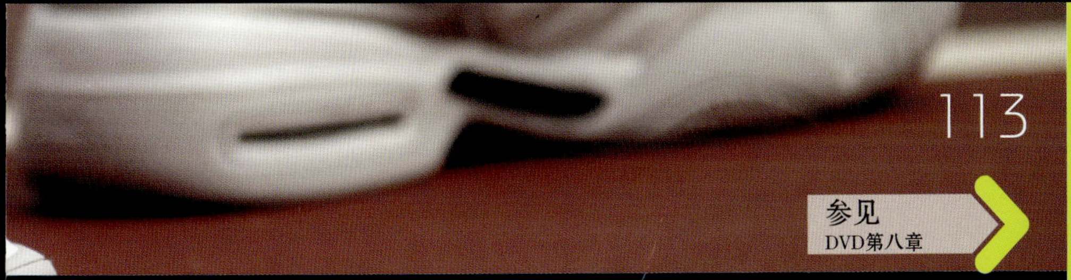

参见
DVD第八章

a 迈步

在底线相持球中，正手抽击应该具有较强的攻击性。只要对手的回球质量不高，就应向前迈步，用正手开始进攻。

b 越过球网

单手反手球员应该击打强烈的上旋球，以便球能安全地越过球网。

c 在底线

练习用双手反手打出力量较大的球，这能帮助你提高在底线附近的进攻能力。

d 被调动到场外

被调动到场外的时候，使用反手削球，回出落点较深的斜线球。

击球选择

击球选择就是你选择的击球类型和将球打向对方场地的落点。从你掌握的击球范围中，作出最合适的选择，让比赛持续进行，这样会把压力重新转移到对手身上。当你接发球处于困境时，不要轻易放弃——这1分还没有结束，总有机会通过选择正确的击球方式和落点扭转被动的局面。

a 幅度较小的引拍

当对手的来球较低时，引拍的幅度要小一些。

c 安全球

当对手的来球落点较深时，你必须后退，回以弧度高、落点深的球。想从这个位置打出制胜分，成功率非常低。

b 堵截式接发

当对手的发球势大力沉时，采取堵截式接发，将球深深地回在对手的反手位。你的目标是逐渐和对手形成相持球，并赢下这1分。

d 当机立断

当来球角度较大时，你必须当机立断作出选择，打落点较深的斜线球，或高球，或者打直线，为自己赢得复位时间。

击球选择提示

- 当被大角度球调动到场外时，也要回击大角度球。
- 对手放小球时，回落点较深的直线球，这不仅能限制对手的回球角度，还让你在网前处于很有利的位置。
- 面对难度较大的挑高球时，将球深深地回在对手的反手位，并迅速上网。

参见
DVD第八章

得分

斜线相持球是非常简单的制胜策略，但面对较强的对手时，你必须使用其他战术，打得更聪明些，也就是说，要采取有效的战术。

迫使对手失误

迫使对手回出大角度球，将球打在中场靠近边线的位置，加快击球节奏并增加上旋。

造成对手回球质量不高

用强有力的击球持续不断地进攻，造成对手回球质量不高。

a 占据优势

把角度打开，将对手调动到场外。这样，你就占据了优势，迫使对手必须打出质量很高的球。否则，你可以将对手质量不高的回球轻松打向场地的空当。

b 加快节奏

加快击球节奏，这将增加对手控制球的难度，一旦回球质量不高，你就可以发起进攻。

c 新战术

将斜线球变为直线球，对手将很难打出好球，这增大了对手场地的空当，让你有机会使用其他战术。

变线

斜线变直线，在底线内击球效果会更好。

参见
DVD第八章

进攻和防守

何时进攻

- 对手击出一个落点在中场附近的球，这时，你要用力击球，将球打向对手的空当。
- 一发时，瞄准发球区用力发球，迫使对手的接发球质量不高。
- 对手的发球较弱时，从底线内尽快接发球。

何时防守

- 对手的发球势大力沉时，采用堵截式接发，将球回到发球者的反手位。
- 底线对攻被调动到场外时，使用弧度高、落点深的球，以争取复位时间。

取胜较强的对手，往往靠的就是几个关键分。有些人擅长进攻，有些人擅长防守，但要想持续不断地赢得势均力敌的比赛，对进攻和防守都有较高的要求。

利用对手力量较差或落点不佳的机会，向前迈步用力击球，打向对手空当。当进攻的机会不明显时，通过上网或使用大角度球将对手调动到场外，给对手施压。当对手二发较弱时，你要显示出进攻的意图，这样通常能造成对手双发失误。

好的落点和出色的救球能力是非常有效的防守技能，对手为了得到1分必须打出多记好球。对于质量不高的所有回球，如果你都采取进攻的话，对手就会明白，仅靠安全的打法不足以制胜，压力便油然而生。

a **进攻**
球员必须掌握反手位进攻的能力，如果只能以正手进攻，将浪费一半的机会。

b **防守**
即使球看上去救不到了，也不能放弃，意外得到的每1分，都将给对手造成压力。

在网球比赛中，有时你主动得分，有时则采取放弃的策略。制胜分是对手无法击回的球，可以打在对手场地内的任何位置。非受迫性失误是不必要的失误，对手没有付出任何努力，你就丢掉了这1分。

制胜分和非受迫性失误

大多数制胜分来自力量大、落点深的击球或打向空当场地的大角度球，回击这两种球的难度都非常大。制胜分还可以来自网前，例如，截击和高压，使得对手根本无法回击。放小球或挑高球也可以制胜。为了提高水平，赢得更多的比赛，你应该瞄准对手场地内的某个位置。

成功的关键

将注意力放在打好比赛上，而不是打出一记制胜分。

- 养成瞄准对手场地内某个具体区域的习惯，不管对手能否将球接回来。

- 注意击球速度和最佳落点。

大多数比赛的获胜是由于球员过多的非受迫性失误，而不是火力强大的制胜分。球员经常在1分刚刚开始或在机会已经消失的情况下试图打出制胜分，这正是由于注意力不够集中，也是出现非受迫性失误的主要原因。非受迫性失误非常打击士气，往往导致情绪消极。为了减少非受迫性失误，在试图打出制胜分之前，你应该使用以下五种击球方式。

大角度球和网前球可以将对手置于被动的位置，使其回出高球或击球无力，从而为自己创造制胜的机会。

大角度球和网前球

当来球落点较浅且靠近边线时，最适合击出大角度球。斜线加上旋，能让你打出角度很大的球。为了让对手猝不及防，你可以发力击打较低的球。刁钻的大角度球，令对手很难防守场地上的空当，造成回球质量不高。

网前球能够让对手失去防守位置，较低的过网高度，加上极浅的落点，迫使对手将球挑起来。网前球很容易让对手犯错误，而出其不意是成功的关键。

参见
DVD第七章

a 大角度球

具有强烈上旋的大角度球，在对手场地上的落点较浅，角度更大，能将对手调动到场外。

b 网前球

球擦网而过，落在对手脚下，通常用于对手正在向前移动或站在网前时。网前球没有太多的旋转，需要一定的准确性。

a

b

参见
DVD第七章

挑高球

当对手在网前占据优势，无法击出穿越球时，可以使用进攻性或防守性的挑高球。

进攻性挑高球是由底线附近击出的上旋球。在向前挥拍的过程中，身体略向后倾以使球的飞行轨迹变高。你施加的上旋越强烈，球落在场地内的速度就越快，这意味着你可以击打落点更深的挑高球。网前球员进行第一拦截后，往往会上网，这就为你使用挑高球创造了机会。

防守性挑高球时的下旋或其他旋转较少。当球过低、过高，以及角度较大或无法使用上旋时，可以使用防守性挑高球。当来球较低或角度较大时，用开放式拍面击打球的下部，使球的弧度高、落点深。

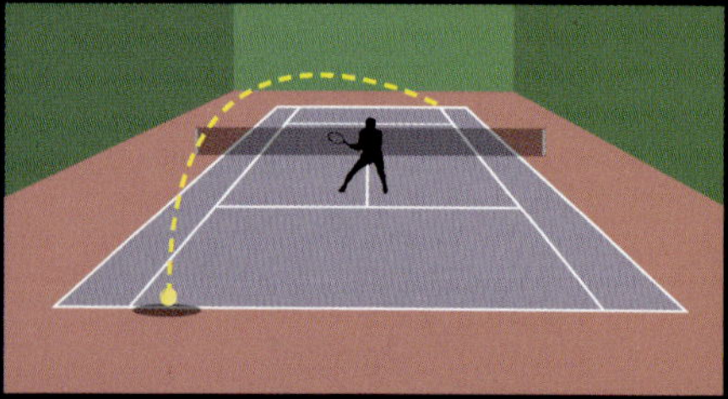

防守

遇到麻烦时，打出弧度高、落点深的挑高球，增加对手击打高压球的难度。

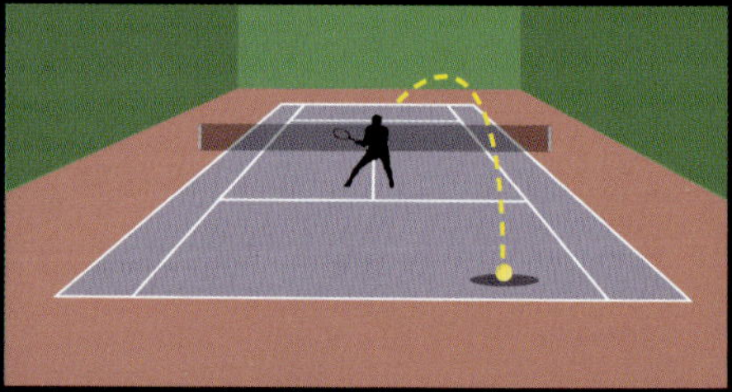

进攻

让上旋挑高球成为制胜分的最好机会，是从底线附近击球，落点位于单打边线之内。

1

防守

使用类似截击的动作，打开拍面，向对手的反手位打出弧度高、落点深的球，迫使他们后退。

2

如果挑高球成功越过对手头顶，一定做好上网的准备。

1

进攻

由下向上挥拍，产生强烈的上旋。

2

以对手触不到球为目标，让球迅速落入场内。

黄金法则

- 防守性挑高球时，瞄准对手的反手位，因为反手高压很难发力。
- 多数挑高球打斜线，因为斜线的长度长于直线。
- 当对手面向阳光时，使用挑高球。
- 顶风时使用挑高球，让球高高地越过对手头顶，风会让球落入场内。在风中挑高球具有一定的难度。
- 隐藏挑高球的意图，直到出手前。

隐蔽放小球

正手假装要打一拍攻击力十足的落地球，却在最后时刻改放小球，这能让对手的重心移至后脚跟上。隐藏自己放小球的意图非常关键。

球拍位置

球拍位置较高，仿佛要打一记普通的落地球。

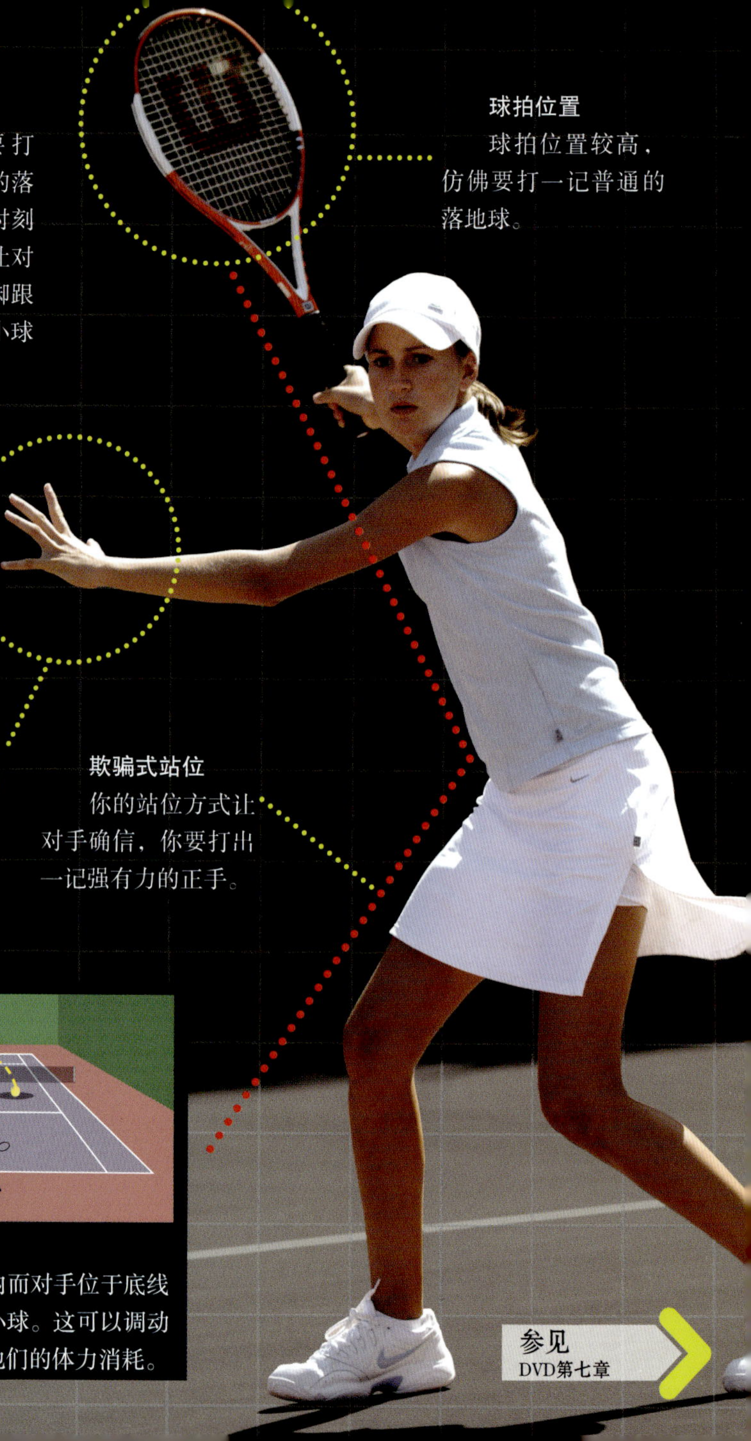

保持稳定

向正手方向伸出的非持拍手有助于肩部回转和保持平衡。

欺骗式站位

你的站位方式让对手确信，你要打出一记强有力的正手。

选择正确的时机

当你位于底线之内而对手位于底线之外时，可以选择放小球。这可以调动对手快跑起来，加速他们的体力消耗。

参见
DVD第七章

放小球

放小球是指落在距球网较近的地方，由于具有下旋，球落地后几乎不往前走，使得对手很难将球救起。对手打上旋球时，最适合放小球。对阵底线型选手，特别是不擅长纵向移动的选手时，放小球尤其奏效。

作为放小球的一种，放小球截击是在网前完成的。放小球截击的破坏性十足，对手几乎没有时间做出反应。带有隐蔽动作的放小球效果更好，因为击球之前的动作与普通底线落地球和截击球动作没什么两样，直到击球前的最后一刻，拍面突然打开，所以隐蔽性很强。

1 向前挥拍的过程中，手部位置应稍高，并迅速转换为大陆式握拍。由上向下挥拍击出下旋球，确保球落地后反弹很低。

2 击球时拍面呈开放状态，让球擦网而过。随挥动作要短，结束时拍面仍完全为开放状态。

3 放出高质量的小球后，作好上网的准备，因为对手的回球质量不会太高，你可以一击制胜。

随球上网

当对手的击球落点较浅时，要主动进攻。随球上网是一种有效的进攻方式，在打出落地球后立即向前移动，在网前占据有利位置。对手回球落点较浅时，使用随球上网。

为了让对手无法预判你的击球并处于防守状态，你应该掌握随球上网的技术，并不放过每一次可能使用的机会。为了提升随球上网的效果，当来球为中线附近的斜线大角度球时，一定要回击直线。

参见
DVD第七章

a 身体前倾
为了使随球上网更加有效，使用反手削球时要用力，让球擦网而过。击球时身体要前倾，以便击球后能迅速上网。

b 迅速起动
正手随球上网时，为了迅速向网前移动，在击球时身体仍要向前移动。

c 完成击球
反手击球后随球上网时，一定要确保随挥动作到位。之后，再向网前移动。

d 截击制胜
当随球上网迫使对手回球质量不高时，不要放小球，用高位截击打出力量和角度。

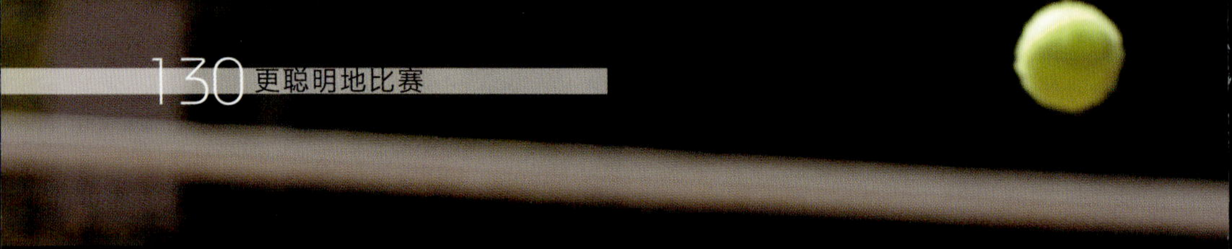

穿越球

当对手随球上网时，你需要打出穿越球。当对手来到网前时，从对手身边飞过并落在界内的底线落地球称为穿越球。穿越球可以打直线，也可以打斜线。穿越球的过网高度要低，并具备较快的速度，为的是让对手没有时间反应。

在试图打出高质量的穿越球之前，要测试对手的截击技术。当对手的截击技术较差时，穿越球往往能够直接得分，而当对手的截击技术出色时，要加大穿越球的角度，让对手在截击时比较吃力。

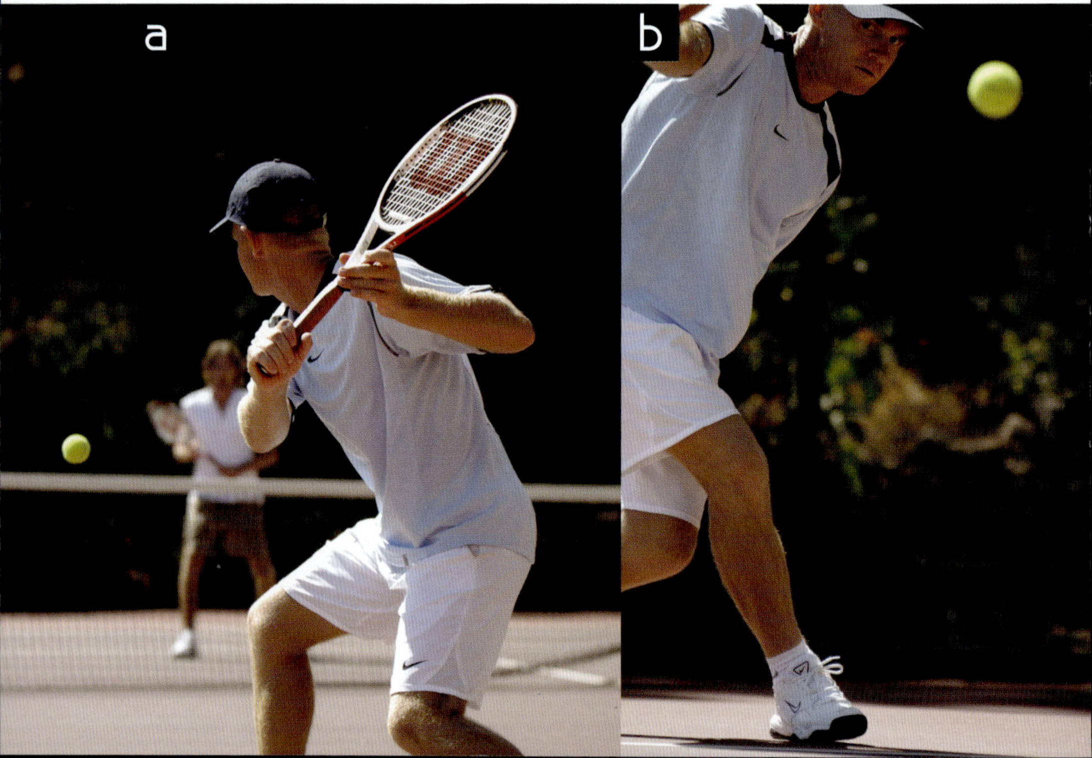

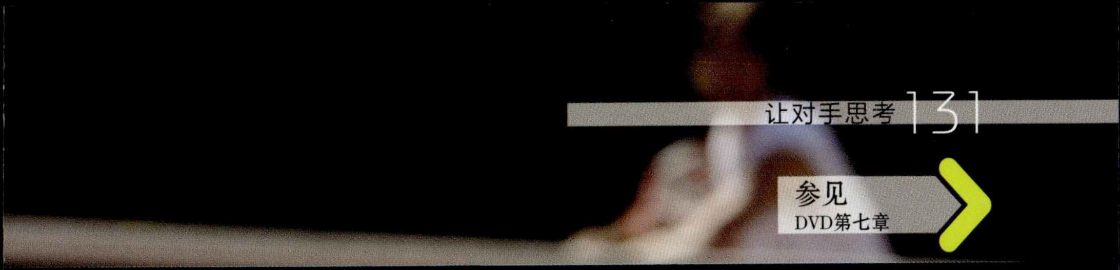

参见
DVD第七章

a 破网

当你意识到对手准备随球上网时，要显示出足够的侵略性，并且在尽可能的情况下使用上旋。

b 降低重心

这有助于降低破网高度，增加对手截击的难度。降低重心还有助于迅速为下一次击球做好准备。

c 战术

当对手持续不断地随球上网时，要变换穿越球的方向，以免对手预判出你的击球路线。变换击球路线，会使得来到网前的对手无法预判你的击球路线，丧失宝贵的时间。越是这样，你的穿越球会越有效果。斜线过网急坠穿越球效果更好，如果对手的截击质量不是很高，那么得分的可能性就不会很大。

c

晋 级

立即开始……

强化体能：第136–141页

为了成为一名优秀的选手，你必须学会利用对手的弱点。正确的体能训练有助于你在比赛中的发挥，使你在所在的俱乐部和当地的比赛中极具挑战力。

比赛方式：第142–145页

学会辨认不同的比赛方式，如底线型打法或网前打法，有助于你制定赢球策略。与自己的比赛方式不同的对手作战，会让比赛更加有趣。

网球和旅行：第148–151页

很多网球迷将度假和观看比赛结合起来，现场观看世界上水平最高的比赛。“四大满贯”是网球领域最大的赛事，吸引了世界上最好的球员。

赛前热身

经常比赛的球员都知道赛前热身的重要性。简单的拉伸动作既能提升你的表现，又能避免受伤。

拉伸可以使肌肉得到放松，让你更好地移动。进行充分的热身之后，你在击打那些很难够到的球时就不容易受伤。

下面的练习有助于放松。每一个练习，身体两侧都要做到，动作要柔和，如有疼痛感，立即停止。

a **三头肌**

一条手臂弯曲，置于头后，触碰肩部。另一只手拉拽肘部，以拉伸三头肌。

b **肩和背部**

一条手臂置于胸前，用另外一条手臂的前臂将这条手臂向身体方向拉拽，增强拉伸的力度。

c **四头肌**

手扶球网作为支撑，将一条腿抬起并向后弯曲，脚尽量向上拉拽，保持10秒钟。

d **大腿**

弓步，后脚脚跟稍离地，降低身体重心，保持10秒钟。

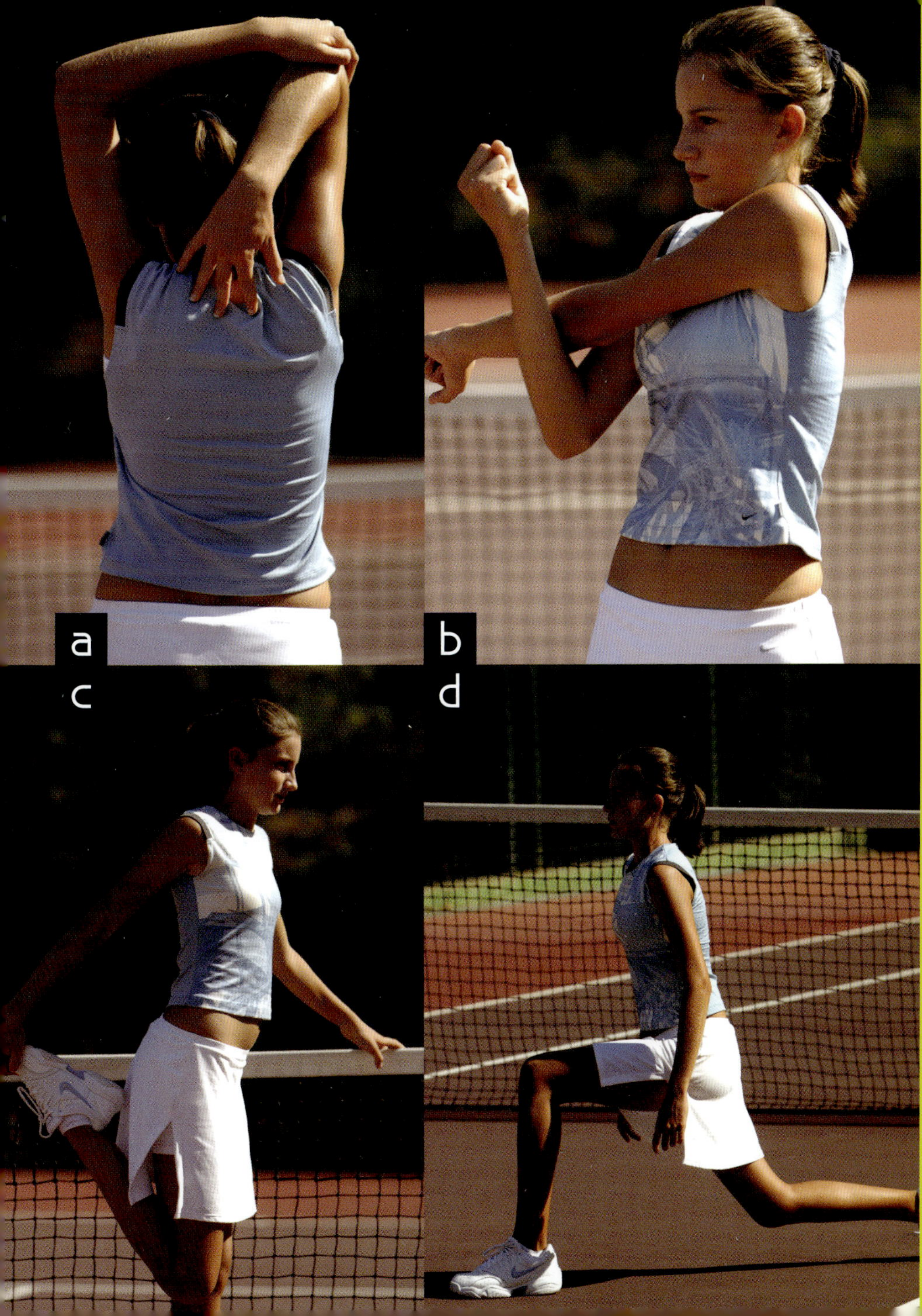
a
b
c
d

加强肌肉练习

如果你想从事竞技网球运动，需要花费很多的时间进行肌肉练习，这不仅能提升技术水平，还能让你的身体免受伤害。

竞技网球能够给身体造成很大压力，并引起伤病。伤病不只影响技术水平的发挥，通常还意味着漫长的、令人沮丧的恢复过程。

对于所有网球选手而言，特别容易受伤而需要增强的身体部位是膝部、腰部、肩部、肘部和腕部。对这些部位进行全身性强化训练是最好的。

- 仰卧起坐、卧推等练习对核心力量和身体总体状况很有好处。

- 职业训练师会建议你购买一些能够在家里使用的哑铃，以便能够加强腕部和肘部、肩部重要肌肉的力量。

- 不要只进行一种练习，慢跑、跳跃等练习对增强耐力很有帮助。

成为职业球员

进入巡回赛之后，你很快就会意识到，神经起了很大的作用——比赛压力远远超过“和平球”。压力可以转化为比赛的动力，但需要一定的时间。通过下面一些简单的规则，你可以缓解压力。

- 不管结果如何，你是抱着娱乐的目的参赛的，每1分都要发挥出最佳水平。
- 早些到达赛场，做好身心两方面的准备，通过与其他选手练习或对墙练习达到热身的目的。
- 确保还有多余的球拍和球。
- 别忘了带水、备用袜子、防晒霜、石膏和毛巾。
- 确保你有最理想的能量——比赛前3个小时进食。

a 做好准备

准备好所有必需的装备。你考虑的其他东西越少，越能将注意力集中在比赛上。

b 集中注意力

比赛时注意力要高度集中。别让你的眼睛游离于球场之外，避免注意力被不必要地分散。

c 检查球拍

比赛中，拍弦会走弦。要不时地检查拍弦，让它们回到原来的位置。

底线选手

底线型选手是指从球场后方击球，他们更喜欢进行抽击球而不是来到网前。底线型选手分为进攻型和反击型两种。

进攻型底线选手喜欢支配比赛。他们站在底线上或靠近底线的地方，尽早击球，用较大的力量将球打到对方球场的空当。他们的目标是从身心两方面削弱对手。

反击型选手用他们的速度、体能和耐心，取得最大的成果。他们拥有超强的防守能力，能打出精准的穿越球。他们还懂得有效地使用放小球，并在比赛的关键时刻，能恰到好处地使用挑高球。

- 对手是进攻型底线选手时，移动一定要迅速。尽力将对手的击球回击过去，让他们更多地击球，增加失误的机会。
- 如果你是一名进攻型底线选手，你的对手需要不断打出高质量的球，才能和你抗衡。
- 和反击型选手比赛时，你必须有足够的耐心，迫使对手回出机会球，进行攻击。
- 如果你是一名反击型选手，你可以用底线的相持球来检验对手的体能。

a 得分

大多数双手反手球员更习惯成为底线型选手。练习一下截击，让得分变得更轻松一些。

b 持续进攻

要想成为高效的进攻型底线选手，你要利用一切机会移动到反手位，用正手进攻。这一战术将迫使对手一直处于防守的位置。

参见
DVD第八章

网前选手会尽可能地位于前场，并尽可能地从网前击球。网前选手也可分为全能型选手和快速上网型选手两种。两种方式都能有效地赢得比赛。

网前选手

- 和全能型选手比赛，需要冷静的心态，并发挥自己最擅长的技术，寻找对方的弱点，用大力击球得分。
- 全能型选手掌握各项技术，当一种比赛风格不奏效时，他们会转换为另一种风格，因此，依然有很好的机会赢得比赛。
- 面对快速上网型选手，你必须让自己的注意力高度集中。可以通过挑高球，让他们无法防守。
- 面对快速上网型选手，对手为了得分，会打出更有质量的球。

a

参见
DVD第八章

a 发球线

发球上网型选手必须迅速跑到网前。他们的目标是在发球线之内进行第一拦截。

b 把落点打深

网前击球需要快速的反应和一流的移动能力。当你处于被动局面时，记住把落点打深，并将球打向对手反手位。

c 空当

随上球要有力量和深度，之后来到网前，用第一拦截将球击至对方空当。

d 球网

用直线球截击对手弧度高、角度大的球，而弧线较低的球，则用斜线处理。下一次截击，你将获得非常好的位置。

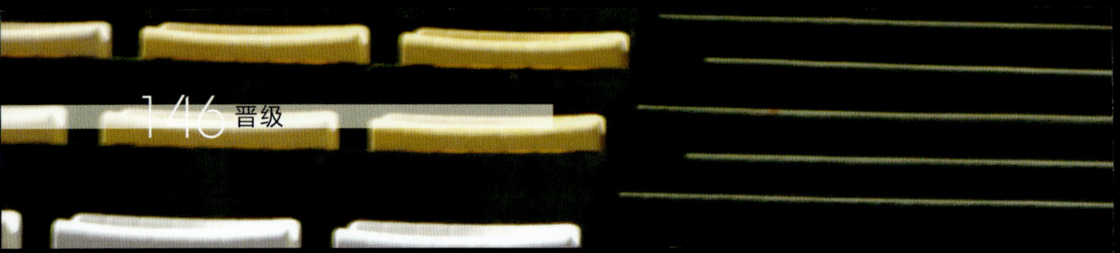

主要赛事

网球运动的主要赛事是四大满贯，即澳大利亚公开赛、法国公开赛、温布尔顿公开赛和美国公开赛。许多球迷将举办大满贯赛事的国家作为自己的度假地，这样，他们不仅可以在自己喜欢的国度享受难得的假期，而且还能欣赏著名球员的比赛。四大满贯是网球运动中最大的比赛，吸引着世界上最好的男女球员参赛。每一项大满贯的举办时间均为两周。

a

a 澳大利亚公开赛

每年的第一项大满贯，比赛地点为墨尔本公园（之前为弗林德斯公园）。由于比赛在1月进行，球员必须和盛夏的高温作战。澳网的比赛场地为Rebound Ace，是一种对球员非常“友好”的橡胶硬地球场。这种场地既适合底线型选手，也适合发球上网型选手。除了良好的比赛氛围，球迷还能在球场之外与球星零距离接触。

b 法国公开赛

每年的第二项大满贯，于5月底或6月初在巴黎的罗兰·加洛斯举行。法网的比赛场地为红土，非常适合底线型选手。大多数比赛中，充斥着多拍的拉锯战，每得1分都很艰苦。网前选手很少能在法网取得好成绩。不同比赛风格之间的碰撞、球员之间的斗智斗勇让观众如痴如醉。能在法网夺得冠军的球员，通常是那些身体异常强壮又颇具耐心的红土专家。

a

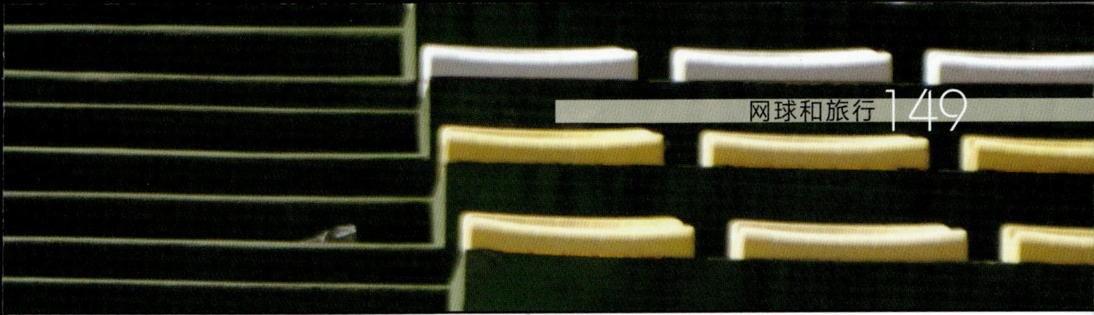

a

温布尔顿公开赛

每年的第三项大满贯，是历史最为悠久的大满贯赛事，也被称为冠军赛，比赛在伦敦的全英草地网球俱乐部举行。温网冠军是所有职业球员梦寐以求的，比赛时间为6月的最后一周和7月的第一周。温网的比赛场地为草地，非常适合发球上网型选手。温网是世界网坛的盛典，温布尔顿的名字本身就代表传统。

b

美国公开赛

每年的最后一项大满贯，8月末至9月初在纽约的法拉盛公园举行。由于比赛时气候炎热、湿度大，只有体能异常充沛的球员才能坚持完两周的比赛。美网的比赛场地为硬地球场，速度较快，底线攻击型选手和全能型选手往往能笑到最后。纽约球迷擅长制造噪音，他们会不遗余力地支持自己喜欢的球员，这成为美网一道独特的风景线。

b

美妙的去处

网球度假村遍布世界上许多景色优美、趣味无穷的地方，而网球假期能将喜爱的运动和旅游结合起来。

从基本的球场和球拍租用，到一对一的强化教学，网球度假村有范围广阔的设施和指导。你可以通过互联网、宣传册和网球杂志查找到度假村和设施的信息。不管你的水平如何，在大多数度假村，你都可以用不同的组合方式进行任意时间的练习，课程从时间较短的私人培训到最多长达5小时的集体教学。集体教学非常有趣，经常聚焦于单双打方面一些具体的击球方式和战术。网球训练营让你和其他志同道合的球友一起，提升比赛技能和体能状况。

当然，网球假期也可以包括观光、极限运动、购物、游览文化古迹等。无论你是集体旅游还是个人旅行，网球都给你提供了一个和世界各地的朋友相识的机会。

网球热点

网球是一项真正的全球运动，在世界各地，你都能找到以网球为基础的度假和旅游胜地。

- 一年四季的阳光、豪华度假村、知名网球学院，佛罗里达被大多数人认为是世界网球运动的中心。
- 西班牙有一些世界上最好的网球度假村，环境异常优美，拥有出色的基础设施，提供高标准的训练课程。
- 强大的网球传统、出色的俱乐部和大满贯比赛，澳大利亚是网球假期的主要目的地。
- 作为世界上拥有最丰富比赛系统的国家之一，法国为旅游者提供了独特的风景。
- 随着众多优质的网球和娱乐度假村的兴建和职业巡回赛的到来，迪拜逐渐成为顶级的度假胜地。

网上网球

互联网是获得网球相关信息的简单途径。从成为你所在国家（或地区）网球协会的会员，到购买装备，都可在网上完成。通过搜寻网上商店或浏览网球杂志，你可以找到一些享有声誉的网站。

如果你想参加竞赛级别的网球运动，你需要加入你所在国家（或地区）的网球协会。通过互联网，你能找到成为会员所需的一切东西，还有关于俱乐部和设施的相关信息以及有用的网站链接。

英国

www.lta.org.uk

爱尔兰共和国

www.tennisireland.ie

美国

www.usta.com

澳大利亚

www.tennisaustralia.com.au

南非

www.satennis.co.za

新西兰

www.tennisnz.com/

加拿大

www.tenniscanada.com/

国际网球联合会是世界网球的最高权力机构，网站上提供关于职业巡回赛的最新信息，你能找到赛程、比赛日期、比赛结果、统计数据、排名、球员信息和规则。

www.itftennis.com

如果需要大满贯比赛的相关信息，可以使用大满贯的官方网站。当一项大满贯举行时，你可以找到关于比赛、照片和球员信息的最新情况。

澳大利亚公开赛

www.australianopen .com

法国公开赛

www.fft.fr/rolandgarros/

温布尔顿公开赛

www.wimbledon.com

美国公开赛

www.usopen.org

网球术语

发球/接发球占先（Advantage server/receiver）：“平分”之后赢得的一分称为“占先”，如果是发球者得分，称为“发球占先”，反之则为“接发球占先”。

全能型选手（All-round player）：熟练掌握各种击球技术，能适应任何比赛风格。

大角度球（Angled shot）：企图将对手调动出球场的斜线球。

随上（Approach shot）：上网之前的击球。

下旋（Backspin）：击球之后，球向后旋转。

引拍(Backswing)：球拍向后移动，远离来球。

底线选手(Baseliner)：喜欢在底线附近比赛的选手。

斜面(Bevel)：拍柄上的平面。

破发(Breaking serve)：赢得接发球局。

反击型选手(Counter-puncher)：先适应对手的击球，继而进行反攻的选手。

土场(Clay court)：场地表层为红土或绿土。

斜线(Cross court)：由场地一端的一侧打向对方场地对角线区域的球。

交叉步(Cross-over step)：双腿交替移动的步法。

平分(Deuce)：一局的比分为40比40时，即为平分。平分之后需要连得两分，才能赢得这一局。

网前球(Dink shot)：擦网而过，意在将球打向对手脚下的击球。

双打区(Doubles alley)：球场单、双打边线之间的区域。

双误（Double fault）：连续发球失误而丢掉一分。

双打（Doubles）：双方各有两名球员的比赛。

直线（Down the line）：从球场一端打向另一端的直线球。

放小球（Drop shot）：落在距球网较近的地方，落地后几乎不向前运动的球。

边（End）：指的是球网任何一侧的比赛区域。

发球失误（Fault）：落在发球区之外的发球。

滑步（Flat feet）：不使用小腿肌肉的移动。

随挥(Follow-through)：击球之后球拍的运动轨迹。

步法(Footwork)：进入击球位置或为了够到球而使用的一系列脚步。

受迫性失误(Forced error)：对手打出高质量的球，造成自己击球失误。

局(Game)：构成一盘的记分单元。

底线落地球(Groundstroke)：在底线附近待球反弹之后的击球类型。

羊肠线(Gut string)：由天然纤维制成的高品质拍线。

半截击(Half-volley)：球反弹后立即击球（见截击）。

硬地(Hard court)：场地表层为水泥一类的硬质材料。

保发(Holding serve)：发球者赢得发球局。

重赛(Let)：比赛受到影响，一分需要重打。也指擦网后落在发球区内的发球，需要重发。

挑高球(Lob)：高出球网很多的球。

零分(Love)：记分时用来代替“零”。

比赛(Match)：使用网球的记分系统确定胜者的竞争模式。

中型拍面（Mid-size）：拍头面积在550～610平方厘米（85～95平方英寸）的球拍。

滚网球（Net chord）：擦网后落在对方场地内的球。

手胶（Overgrip）：缠绕在拍柄上的吸汗、防滑带。

大拍面（Over-size）：拍头面积在610~710平方厘米（95~110平方英寸）的球拍。

分（Point）：构成一局的记分单元。

拍面（Racquet face）：球拍上穿线的区域，也是击球的区域。

拍喉（Racquet throat）：拍头和拍柄之间的区域。

准备位置（Ready position）：来球靠近之前球员所在的位置。

复位步法（Recovery steps）：救球或击球后回到准备位置所使用的步法。

重新穿线（Restring）：拍线断裂或松动后再次穿线。

认证赛事（Sanctioned tournament）：在某个国家或地区举办的得到该国家或地区网球协会认可的赛事。

发球上网型选手（Serve and volleyer）：发球后经常来到网前的选手。

盘（Set）：构成一场比赛的记分单元。

击球选择（Shot selection）：在不同情况下球员选择的击球类型。

侧（Side）：球场中点任意一侧的比赛区域。每一局从"平分区"开始。面对球网时，"平分区"在右手侧，"占先区"在左手侧。

侧旋（Sidespin）：球水平方向旋转。

侧滑步（Side-step）：侧向移动的步法

支撑棍（Singles sticks）：场边用来支撑球网的棍状物，只用来进行单打比赛。

单打（Singles）：两人之间进行的比赛。

"菜"球（Sitter）：离网较近的高球，能够让对手轻松打出制胜分。

聪明的打法（Smart play）：让对手失去控制的一系列击球。

高压球（Smash）：从头顶击出的具有攻击性、力量大的球。

旋转（Spin）：击球之后球体产生的转动。

分腿垫步（Split-step）：对手击球时，自己将双脚分开的步法。

穿线张力（String tension）：穿线时拍线被拉紧的程度。

甜区（Sweet spot）：击球时能给球最大作用力的拍面区域。

平局决胜（Tie-breaker）：一盘的比分打成6比6时，决定这一盘比赛结果的记分系统。

上旋（Topspin）：击球后球向前旋转。

非受迫性失误（Unforced error）：由于自身注意力不集中而造成的击球失误，并非对手的击球压力导致。

避震器（Vibration dampener）：放置在拍线之间或底弦之下的小型橡胶装置，能显著减少球拍的震动。

截击（Volley）：在球落地反弹之前击球，通常在网前使用。

重心转移（Weight transfer）：身体重心从一条腿转移到另一条腿。

制胜分（Winner）：在球第二次反弹之前对手碰不到球的击球。

奏效（Work the point）：用一系列击球令对手失去位置。

最后……

来自作者的感谢

在本书的创作过程中，要特别感谢斯黛芬妮·法罗的信任和支持。

我要由衷地感谢DK的编辑尼基·蒙罗和设计者杰尼萨·帕特尔，她们既可爱又聪明，我们合作得非常愉快。我对她们表示深深的感激。

感谢德尔·索尔俱乐部的乔斯和卡罗尔提供拍摄场地并热情接待我们。

感谢摄影师杰拉尔德·布朗和设计师奈哲尔·赖特，他们对图片的质量精益求精。感谢克罗姆公司的盖兹制作出了如此完美的DVD。

非常感谢模特们：马赖利·瓦林、埃利·贝顿和乔·贝顿把他们的天赋献给了这本书，在拍摄过程中，他们的热情始终如一，不知疲倦。

来自多林·金德斯利的感谢

DK要感谢梅·科尔菲尔德和莱蒂·拉夫在编辑方面提供的帮助，感谢玛格丽特·麦考麦克完成索引。

还要感谢德尔·索尔俱乐部提供高品质的网球场地和Wilson提供的球拍。

德尔·索尔俱乐部
29647 Mijas-Costa（马拉加）
电话：+34 952 93 95 95
网址：www.tenniscostadelsol.com

感谢提供照片

17b,32来自Image Bank，莫里兹·斯泰格拍摄；146b来自Getty，尼克·拉哈姆拍摄；147b来自Getty，克里夫·梅森拍摄；148b来自Getty，菲尔·科尔拍摄；149b来自Getty，埃兹拉·肖拍摄；150来自 Stone，野村浩拍摄；151来自Image Bank，约翰·凯利拍摄。

版 权 声 明

书名：Go–Tennis
作者：Rolf Flichtbeil

图字：01—2009—1268